入門
平和をめざす無防備地域宣言
条例による国際人道法の非戦平和的活用

澤野義一

現代人文社

はじめに

　2003年3月に結成された「無防備地域宣言をめざす大阪市民の会」が2004年4月から始めた無防備地域条例制定（直接請求署名）運動は、2005年末までに、枚方市、荒川区、藤沢市、西宮市、大津市、高槻市、奈良市、品川区、京都市でも取り組まれ、いずれも条例案の議会審議にまでこぎつけたが、審議の結果、条例案はすべて否決された。しかし、当該運動は、本書脱稿後の2006年4月以降、市川市、竹富町（沖縄県）、日野市、国立市、大田区で取り組まれ、いずれも条例制定要求に必要な法定数を超えた。今後、各々の議会で条例案が審議されることになる。

　米英による正当性のないイラク戦争とイラクへの自衛隊派兵、平和憲法の改悪の動き、有事法制問題などに対する市民の不安・危機感がつのる中で、マスコミなども関心を示したこともあり、この運動は全国的に広がったのである。とりわけ有事法制は武力攻撃事態等に際し、国民保護法などを通じて、住民や自治体に戦争協力を求めてくるため、住民の側からは、どのように具体的で有効な反対運動を行っていくことが可能かが模索されてきた。その一つが、戦争に協力しない地域づくり（戦争非協力都市、戦争不参加都市）をめざす無防備地域宣言運動ないし無防備地域条例制定運動である。

　無防備地域は、戦闘員や移動兵器等が撤去されていること、固定した軍用施設等については敵対目的に使用されていないこと、自治体当局または住民により軍事的敵対行為が行われていないことなどの条件を満たしている地域を指し、1977年のジュネーヴ条約第1追加議定書第59条で国際法的保護が与えられている（武力攻撃の禁止と戦争犯罪の対象）。この無防備地域宣言は、基本的には戦時において、占領やむなしの極限的な状態で、徹底抗戦するよりも、住民の生存や文化財などの保護を非軍事的に確保することを優先させる場合に行うことが想定されていると思われる。

　しかし、いま日本で取り組まれている無防備地域条例制定運動は、平時から無防備地域（宣言）の条件を自覚的に準備していこうとしている点に新しさが

ある。市民（市民社会）が国際法を国内的に活用して平和を創造していく、世界的にみても、新しい平和運動ということもできる。日本国憲法との関連でいえば、平和憲法の擁護運動にとどまらず、形骸化している非戦・非武装主義の平和憲法を地域から回復する運動である。それは、有事法制・国民保護法が実施され軍事に備える地域よりは、無防備地域の方が住民（平和的生存権）にとっては安全であるということ、すなわち、「武力による平和」に対する「武力によらない平和」の優位性を具体的な形で示すことができる点で、有意義といえよう。

　それに対し、日本政府は2004年に上記のジュネーヴ条約追加議定書を批准したにもかかわらず、有事関連法を正当化することに利用しているだけで、人口密集地域から軍事施設を隔離し、戦闘行為の被害を受けないような予防措置をとって住民を保護する理念などを含んでいる同条約を、平和憲法の理念に沿って国内法化しようとしていない。また、自治体の無防備地域宣言についても容認しない方針をとっている。多くの自治体当局も、この方針に追随している。

　本書がこの現実を乗りこえるための入門書となりうるかどうかはともかく、本書には、無防備地域条例制定運動に関する関西や首都圏で行われた多くの市民の学習会や講演会を通して考えてきた成果が反映されている。

　2006年6月

澤野義一

目 次

はじめに　2

第1部　入門編　[Q&A] 無防備地域宣言とは？

- **Q1**　無防備地域宣言とは何ですか？　10
- **Q2**　無防備地域宣言は、日本国憲法9条の平和主義とはどのような関係にあるのですか？　12
- **Q3**　無防備地域宣言あるいは無防備地域条例制定運動が、近年注目されているのはなぜですか？　14
- **Q4**　無防備地域保護の背景には、どのような国際法の考え方があるのですか？　16
- **Q5**　無防備地域宣言は、中米のコスタリカ共和国の非武装永世中立宣言のような平和・安全保障方法と何か類似点はあるのでしょうか？　18
- **Q6**　無防備地域宣言は、他国からの武力攻撃を誘発したり、占領軍に対して白旗を上げ、無法な支配を許すことになりませんか？　20
- **Q7**　有事法制や国民保護法があるのに、それらと一見矛盾する無防備地域条例を制定することはできるのですか？　22
- **Q8**　防衛行政が国の専管事項であるから、防衛行政に関する無防備地域条例は自治体で制定できないという見解がありますが、それは正しいのでしょうか？　24
- **Q9**　無防備地域宣言は自治体が独自に行うことができないという見解は、当該宣言について規定しているジュネーヴ条約の解釈として正しいのでしょうか？　26
- **Q10**　軍事基地がある都市で、無防備地域条例を制定することができるのですか？　28

第2部　争点整理編　無防備地域宣言をめざす条例づくり

第1章　無防備地域条例のしくみ　……………………………………　32

  1. 自治体の平和都市条例と無防備地域条例　32
     (1)　自治体の平和都市条例　32
     (2)　無防備地域条例の性格　33

2. 無防備地域条例の基本的構成　33
　　⑴　前文　34
　　⑵　目的規定　34
　　⑶　市民の平和的生存権保障規定　34
　　⑷　市の責務としての戦争非協力の総則規定　35
　　⑸　市の責務としての戦争非協力の各論規定　35
　　⑹　平和事業の推進　38
　　⑺　その他の規定　39

第2章　無防備地域条例制定をめぐる争点　　40

1. 無防備地域宣言以外の争点　40
　　⑴　市民の平和的生存権保障規定　40
　　⑵　非核政策　41
　　⑶　文化財保護　41
　　⑷　平和事業　41
2. 無防備地域宣言に関する争点　42
　　⑴　無防備地域条例（制定）に対する否定論・懐疑論　42
　　⑵　無防備地域条例（制定）に対する否定論・懐疑論の問題点　43

第3部　理論編　平和憲法を生かす無防備地域宣言

序章　無防備地域宣言の意義　　50

1. 有事法制・国民保護法に対する対案　50
2. 無防備地域に関する条例制定をめざす意義　52
3. ジュネーヴ条約追加議定書の国内的活用の意義　53
4. 国際刑事裁判所条約批准を促す意義　54
5. 憲法9条を地域・自治体から再生させる意義　55
6. 非軍事的平和ゾーンの拡大の意義　56
7. 地域の監視社会化への対抗としての意義　57

第1章　日本の平和憲法の源泉と先進性 …………………… 58

1. 平和憲法の源泉　59
   (1) 憲法9条の戦争放棄の源泉　59
   (2) 憲法前文の平和的生存権の源泉　61
2. 憲法9条の戦争放棄の特質　61
   (1) 外国憲法の平和条項と憲法9条　61
   (2) 戦力不保持と自衛権　62
   (3) 交戦権の否認　63
3. 平和憲法に基づく安保・外交政策　64
4. コスタリカの常備軍禁止憲法と非武装永世中立政策　65
5. 憲法9条の先進的意義　66
   (1) 軍隊のないスイスを目指すグループ　67
   (2) アメリカの憲法9条の会　68
   (3) ハーグ市民平和会議　68
   (4) 最近の国際会議　69

第2章　平和憲法下における自治体からの平和創造 …………… 71

1. 自治体の平和行政の基本　71
2. 軍事目的の土地収用等の禁止　72
3. 旧軍港市転換法の再評価　73
4. 港湾法等の非軍事的運用　73
5. 非核自治体の拡大　74
   (1) 非核都市条例　74
   (2) 非核神戸方式　76
6. 軍事基地の存否に関する条例　77
7. 無防備地域条例　77

第3章　地方分権と有事法制化に伴う自治体・住民の戦争協力 ……… 79

1. 有事法制化とは何か　79
2. 地方分権改革法における自治体の戦争協力　80

3．有事法制における自治体・住民の戦争協力　　82
　　　⑴　武力攻撃事態法、改正自衛隊法の場合　　82
　　　⑵　国民保護法の場合　　83
　　　⑶　自治体の国民保護計画の作成等の場合　　84
　　　⑷　米軍支援法と特定公共施設等利用法の場合　　86
　　　⑸　小括　　87

第4章　ジュネーヴ条約における住民・民用物・特別地帯の保護 …… 88

　　1．ジュネーヴ条約の目的　　88
　　2．住民の保護　　89
　　3．民用物の保護　　90
　　4．特別地帯・地域の保護　　91
　　5．ジュネーヴ条約の実効性確保　　93
　　6．ジュネーヴ条約の批准と日本政府の課題　　94

第5章　無防備地域の国際法（ジュネーヴ条約）的保護 ……………… 96

　　1．国際法における無防備地域保護の由来　　96
　　2．無防備地域（宣言）の概要　　98
　　3．無防備地域宣言の主体についての国会論議　　102
　　4．自治体は無防備地域宣言の主体になりうる　　103

第6章　自治体・条例による無防備地域宣言 ……………………… 107

　　1．これまでの市議会における論議　　107
　　2．平和的生存権は理念的な権利にすぎないか　　109
　　3．防衛行政は自治体が関与できない国の専管事項か　　111
　　4．無防備地域条例は有事法制に抵触するか　　113
　　5．国民保護法の実効性に対する疑問　　114
　　6．無防備地域宣言は占領軍による無法支配を容認するか　　117
　　　⑴　ジュネーヴ条約と占領　　117
　　　⑵　市民による非武装・非暴力防衛（論）の可能性　　118

第7章　無防備地域宣言の障害となる平和憲法「改正」論 ………… **120**
　　　自民党新憲法草案の問題点

　　1.　憲法9条の改正　**120**

　　　　(1)　個別的および集団的自衛権行使・海外派兵の容認　　**120**
　　　　(2)　国家緊急権制度の導入　**121**
　　　　(3)　不明確なシビリアン・コントロール　**122**

　　2.　その他関連条項の改正　**122**

　　　　(1)　憲法前文　**122**
　　　　(2)　国民の権利・義務　**123**
　　　　(3)　国の統治制度　**123**
　　　　(4)　地方自治　**124**

　　3.　むすび　**124**

第4部　資料

資料1●ジュネーヴ条約第1追加議定書第59条（無防備地区）　　**126**

資料2●無防備地域条例案関係　**127**

　　　①大阪市非核・無防備平和都市条例（案）〔2004年〕　**127**
　　　②京都市無防備・平和都市条例（案）〔2005年〕　　**128**
　　　③大阪市非核・無防備平和都市条例（案）に対する大阪市長「意見書」〔2004年〕　**130**

参考文献　　**132**

第1部 入門編

[Q&A] 無防備地域宣言とは？

Q1 無防備地域宣言とは何ですか？

「無防備地域」というと、日本語の感覚では、防災や防犯あるいは防衛などに対して何も備えをしない無責任な地域であるという、マイナスのイメージを与えるかもしれません。また、平和問題に関心のある人たちの中でも、「無防備地域」という言葉(non-defended localityの訳で、政府公定訳の「無防備地区」も使われています)は、「非武装中立」などに比べると、あまり知られてきませんでした。このようなことから、「無防備地域」宣言について誤った第一印象をもたれることがあるようです。

それはともかく、無防備地域というのは、国際法の一領域である国際人道法のジュネーヴ条約第1追加議定書第59条（1977年）で保護されている平和・安全保障の一方式であり、国家が戦争をしても、戦争に参加しない「戦争不参加都市」、戦争に協力しない「戦争非協力都市」を意味します。

したがって、無防備地域は、単に軍隊や軍事施設が存在しない非武装地域とは必ずしも同じではありません。非武装地域であっても、そこに住む多数の住民が紛争当事国に対して軍事的な敵対行為をすれば、無防備地域とはいえません。他方、軍事施設があっても、敵対的に使用しなければ、無防備地域とみなされることもあります。

前掲条約第59条によれば、敵対する紛争当事国（者）による占領に対して開放されている地域で、(a)すべての戦闘員が撤退しており、ならびにすべての移動可能な兵器および軍用設備が撤去されていること、(b)固定された軍用施設の敵対的な使用が行われないこと、(c)当局または住民により敵対行為が行われないこと、(d)軍事行動を支援する活動が行われないこと、という四条件を満たしている地域が、無防備地域と定義されています。

要するに、戦時において敵軍が迫ってきても、占領（軍）を排除するために、軍隊を配置したり、軍事施設を敵対的に使用したりせず、軍事的に抵抗しない無防備地域は、敵軍からみれば武力攻撃して占領する必要はありませんから、無防備地域の攻撃は、手段のいかんを問わず禁止されます。それに違反すれ

ば、戦争犯罪となります。

　さて、無防備地域が紛争当事国との関係で法的保護をより確実なものとするためには、無防備地域の範囲・境界を明確に示して紛争当事国に対して通告する、いわゆる「無防備地域宣言」を行う必要があります。通告された紛争当事国は、無防備地域の条件が満たされている限り、当該通告を受領する義務があります。

　無防備地域宣言は、その国際法的効果が発生することになる、敵軍が接近しているような戦時に行うものと考えられていますが、平時から、無防備地域の条件を整備する条例を制定し、対外的に（国連、外国政府、赤十字国際委員会などに対して）も無防備地域宣言をしておくことは、無意味ではありません。平時には紛争当事国が特定されませんから、平時の宣言は法的効果は生じませんが、予備的宣言として意味があります。

　無防備地域宣言ができるのは、条約によると「紛争当事国の適当な当局」とされていますが、赤十字国際委員会の見解（注釈書）では、一般的には国（政府）としながらも、困難な状況のもとでは、地方軍司令官ないし市長や知事のような地方の文民当局も可能とされています（さらなる論点について、Ｑ９参照）。

Q2 無防備地域宣言は、日本国憲法9条の平和主義とはどのような関係にあるのですか？

　上述したジュネーヴ条約第1追加議定書第59条で保護される「無防備地域」の宣言は、国家が戦争をしたり、あるいは戦争に巻き込まれたとしても、当該国家のある地域（自治体など）が、軍隊を撤退させるなどして、戦争に参加しないことを紛争当事国に対して表明することにより、地域と住民の安全を確保することを目的にしています。これは戦時を想定した、戦時における無防備地域宣言です。

　しかし、戦時において短期間で無防備地域の条件を整備し、宣言することは実際には困難な場合が考えられます。そこで、平時から無防備地域の条件を整備し、国内外に事前に宣言しておくという発想がでてきます（不幸にも戦争に巻き込まれた場合には、紛争当事国に対して、改めて戦時における無防備地域宣言をしますが、この宣言をしなくとも無防備地域の条件が整備されていれば、紛争当事国は武力攻撃をすることは禁止されます）。この考えは、第1追加議定書第59条の立法者にはなかったかもしれませんが、平時から軍備をもたず、国家が戦争に参加しない憲法9条をもつ日本において、地域住民の側から提案されたものです。したがって、それは、第1追加議定書第59条を憲法9条のもとで今日的に活用するということを意味します。

　日本国憲法9条は、非戦・非武装（非軍備あるいは無軍備）平和主義を掲げているので、いわば無防備国家宣言をすでにしているということもできますが、政府だけでなく地域・自治体においても、平和憲法の理念を活かすべく、自覚的に無防備地域宣言をすることは決して無意味ではありません。

　というのは、平和憲法の理念は現実には日本の政府の安保防衛政策によって形骸化され、自治体も政府の安保防衛行政を遂行しているからです。軍事基地のある地域は自衛隊や米軍の海外派兵に利用され、有事法制・国民保護法によって自治体や住民は戦争協力を求められる事態になっています。結果的に、日本政府の誤った外交防衛政策により、日本が戦争に巻き込まれないと

も限りません。このような政府や自治体当局の違憲の安保防衛行政に抵抗し、協力しない平和な自治体をつくろうとすれば、市民の身近な自治体において無防備地域宣言を指向することを試みるのも有益と思われます。

　中米のコスタリカのように、政府が対外的に非武装永世中立を宣言し実行している国では、自治体の無防備地域宣言は必ずしも必要ではないかもしれませんが、コスタリカ政府と同様の永世中立宣言が現実的には期待できない日本の状況（憲法９条のもとで日本政府も非武装永世中立宣言をすることが求められています）では、次善の策として、自治体が独自の平和行政の一環として無防備地域宣言をすべきです。無防備地域宣言を目指す運動は、形骸化された憲法９条の理念を地域から再生し、改悪されるかもしれない憲法９条を擁護していくことも意図しています。

　なお、戦時を想定した無防備地域保護と、戦時を基本的に想定しない憲法９条の平和保障は、その発想や歴史的由来を異にするとはいえ、両者は武力行使を原則禁止する国連憲章の理念を踏まえ、非戦の方法で地域と住民の安全を確保しようという点で、結果的には類似した機能をはたすものとして評価できます。その意味では、憲法９条の平和主義と無防備地域宣言を結びつけることに対する懐疑論には賛成できません。

Q3 無防備地域宣言あるいは無防備地域条例制定運動が、近年注目されているのはなぜですか？

　無防備地域宣言を無防備地域（無防備平和都市）条例の制定を通じて実現しようという市民運動は、実は1980年代において、当該宣言の法的根拠を与えるジュネーヴ条約第1追加議定書が発効（1978年）したことを受けて、天理市、小平市、泉南市、東京都で取り組まれたことがあります。天理市と小平市の場合は住民の直接請求署名の形で、泉南市と東京都の場合は議員提案の形で取り組まれましたが、いずれも議会で否決されています。

　1990年代には、無防備地域宣言運動への具体的な取り組みがなく、社会的にはほとんど関心をもたれなくなったように思われます。

　しかし、2004年4月の大阪市から2005年11月末の京都市の条例制定運動まで、10の都市で署名集めが断続的に取り組まれ、いずれの場合にも、有権者の50分の1の法定数を大幅に超える署名を集め、議会で条例案を審議させるところまでいきました。条例案は最終的には否決されましたが、新聞、雑誌などのメディアでも、しばしば取り上げられたこともあり、市民の関心を引くことになったといえます。

　その社会的な背景にあったのは、有事法制が成立しそうな状況、そして結局成立してしまった状況、自衛隊が戦闘地のイラクに派兵された状況、平和憲法を改悪する改憲論が活発になっている状況など、日本が戦争のできる国家になり、市民も戦争に協力しなければならない国家になるのではないかという不安であったと思われます。もちろん、無防備地域条例制定に取り組んだ市民らは、そのような危機的状況への抵抗ないし対案として運動を位置づけています。

　有事法制は、武力攻撃事態等に際し、自衛隊と米軍の軍事行動を円滑に遂行させると同時に、その軍事行動に対し、指定公共機関・自治体・住民に協力を要請します。国民保護法は、住民の避難や救援に関して、自治体や住民などに協力を要請します。いずれの場合も、土地・家屋の使用や物資の収用な

どの命令は強制力が伴います。このように、国は有事法制・国民保護法を通じて自治体の平和行政への関与権を拡大していますが、自治体の平和行政への国の関与権は、1999年の地方分権改革による自治体関連法の改正によっても拡大しています。例えば、米軍用地特別措置法の改正により、土地の代理署名や公告・縦覧の事務に関する自治体の関与権がなくなりました。無防備地域宣言は、このような自治体の平和行政に対する国の干渉に抵抗する運動といえます。

　また、テロ対策やイラク支援の特別措置法により、日本の軍事基地を使った日米軍の海外派兵が行われていますが、軍事基地をかかえている地域の住民としては、無防備地域宣言によって、戦争非協力の街づくりをしたいと考えるのは当然だと思われます。

　さらに、非戦・非武装主義の憲法９条が国によって形骸化されてきており、改憲論も活発になっている現状に対して、憲法９条を地域・自治体から再生させる手段として、無防備地域宣言運動は意義があります。その他、この運動は、政府が批准したジュネーヴ条約追加議定書を平和憲法の観点から国内的に実施させるきっかけを与えていく点でも重要です。世界遺産などの文化財を多くかかえる京都などのような都市では、戦争に巻き込まれないで、文化財を安全に保護する最も確実な方法として、無防備地域宣言を考えることも有益なのではないでしょうか。

Q4 無防備地域保護の背景には、どのような国際法の考え方があるのですか？

　現在問題としている「無防備地域」は、第二次世界大戦後の1977年に採択されたジュネーヴ条約第1追加議定書第59条によって保護されるものですが、その前身となる制度は第二次世界大戦以前から、国際法（戦時国際法）のルールとして存在しています。すなわち、軍事的に抵抗する地域や都市は武力攻撃してもかまわないが、軍事的に抵抗しない地域や、占領に対して「開放されている都市」（open towns）は、武力攻撃してはならないという原則です。それは、例えば、1874年のブリュッセル宣言では、「開放されており、防守されていない都市は、攻撃も砲撃もしてはならない」と規定されています。1907年のハーグ陸戦法規では、「防守セサル都市、村落、住宅又ハ建物ハ、如何ナル手段ニ拠ルモ、之ヲ攻撃又ハ砲撃スルコトヲ得ス」と規定されています。

　このような国際法の考え方に基づいて、イタリアのローマやフランスのパリのように、第二次世界大戦中に「無防守都市宣言」（現在の「無防備」都市宣言と区別するために「無防守」都市宣言と表現）をした事例があります。例えば、ローマは、イタリアの各地が連合国軍の爆撃を受けていた状況下で、首都の破壊を免れるため、イタリア政府がローマを無防守都市にすることを宣言し、連合国軍に提案したことで（連合国軍は提案を公式には受領しませんでしたが）、連合国軍の爆撃が事実上回避されました。

　ハーグ陸戦法規などでは、「無防守地域」の宣言とそれに対する相手国の受領に関するルールが明記されていないこともあって、「無防守地域」宣言に対し受領するかどうかは相手国任せになっていました。また、「無防守地域」であっても、重要な軍事施設に対しては武力攻撃が例外的に許されていたこともあり、「無防守地域」の保護は確実なものではありませんでした。そのために、「無防守地域」宣言をしても、ブリュッセルやマニラのように、戦禍を免れなかった都市もあります。

　しかし、現在の「無防備地域」宣言については、ジュネーヴ条約第1追加議定書では、無防備地域の条件を満たして紛争当事国に対して宣言すれば、相

手国は当該宣言を受領しなければならないと明記されたことから、無防備地域の保護は、敵軍任せではなく、確実なものになっています。

　もともと、戦時国際法の中には、戦時においても住民などに対して人道的に保護する要素が含まれていますが、第二次世界大戦後は、国際的な人権保障観念の発展にも影響され、戦時における人道的保護の理念が強くなります。それは、軍事技術の発達と戦争における破壊力の飛躍的な増大により、戦時における一般住民の死亡者が兵士よりも圧倒的に多くなっているためです。兵士に対する一般住民の死亡者の割合は、第一次世界大戦では5％、第二次世界大戦では48％、朝鮮戦争では86％、ベトナム戦争では95％に増大しています。

　このような現実を踏まえ、戦闘の方法と対象を厳しく制限するために制定されたのが、第二次世界大戦後の1949年締結のジュネーヴ4条約であり、ベトナム戦争後に締結されたジュネーヴ条約追加議定書です。これらは依然として戦時国際法ということもできますが、今日では、国際人道法と称することが一般的になっています。

　無防備地域の保護は、以上のような国際人道法の発展の中で位置づけられていることに留意しておくことが大切でしょう。なお、第1追加議定書第59条に基づく無防備地域宣言をした事例は、現在まだないようです。

Q5 無防備地域宣言は、中米のコスタリカ共和国の非武装永世中立宣言のような平和・安全保障方法と何か類似点はあるのでしょうか？

　コスタリカは、中米紛争最中の1983年に、1949年の同国憲法でなされた常備軍撤廃の原則を踏まえ、非武装・積極的永世中立の宣言を行いました。

　「永世中立」は、いかなる軍事的紛争に対しても中立ということで、戦時には戦時中立義務を選択の余地なく負い、平時には軍事同盟を締結しないなど、紛争に巻き込まれないような中立外交を行わなければなりません。コスタリカの中立宣言は他国に対して一方的になされたものですが（オーストリアに近似）、中立の遵守意思と外交実践からみて、国際法的な拘束力をもつ永世中立とみなすことができます（アメリカのイラク戦争をコスタリカ政府が支持したことに対する同国の2004年9月の最高裁違憲判決）。

　「積極的中立」は、国連や地域的安全保障機構の米州機構などに加盟しながら、軍縮・人道的活動・仲介などを通じて平和と人権保障のために協力するということです。コスタリカは、多数の難民を受け入れたり、国連平和大学や米州人権裁判所を誘致することで、平和に貢献しています。

　「非武装中立」は、スイスなどの伝統的な武装永世中立と異なり、中立を非武装で維持しようとする点で、新しいタイプの永世中立といえます。コスタリカは、哨戒艇や自動小銃などの小火器類は別として、戦闘機・戦車・軍艦などの軍備を保有していません。軍隊に代わるものとしては、テロ対策・国境警備・治安維持のための警備隊が設置されているだけです。国家自衛権を前提に国防等の必要があれば再軍備ができることになっている点は、日本国憲法9条ほどには非武装主義は徹底していませんが、実際には、軍隊をもたないことが最大の防衛力と考えられているようです。

　それでは、このような非武装永世中立宣言と無防備地域宣言の間には、どのような類似点があるのでしょうか。

　第一に、ある国家が他国に対して一方的に宣言できる点で共通しています。

ただし、無防備地域の場合は、自治体でも宣言できる点は異なります。また、無防備地域宣言は非武装永世中立宣言に比べれば、地域住民が身近に取り組める運動といえるでしょう。

　第二に、無軍備地帯である点で両者は共通しています。コスタリカの場合は、特定の地域でなく、国家全体が無防備地域であるという点が異なります。他方、無防備地域宣言では、固定の軍用施設が存在してもかまわない場合があります。軍隊に代わるものとして、コスタリカでは警備隊が置かれていますが、無防備地域においても、治安維持のための警察を配備することは認められています。このような軍事目標がない地帯は、ジュネーブ条約などの国際法により、武力攻撃が禁止される地域として保護される利点があります。

　第三に、軍事的に中立地帯である点で共通性があります。無防備地域は、紛争当事国に対して自治体当局や住民が敵対行為を行わず、軍事行動も支援してはならない地域ですから、いわば戦時における中立地域といえます。

　このような戦時中立義務が対外的（国際法的）に効果が発生するのは、戦時である点でも共通しています。

　結局、非武装永世中立宣言は国家レベルの無防備地域宣言ということもできますが、地域レベルでは無防備地域宣言を、国家レベルでは非武装永世中立宣言を追求していくことが、集団的自衛権体制である日米安保強化のもとでの有事国家化に対決していく重要な視点となるでしょう。

Q6 無防備地域宣言は、他国からの武力攻撃を誘発したり、占領軍に対して白旗を上げ、無法な支配を許すことになりませんか？

　まず、ある国家の中で、平時から無防備都市を宣言する地域があったからといって、武力攻撃を誘発するとは思われません。むしろ、軍隊や軍事施設などの軍事目標がなければ、武力攻撃してはならないというジュネーヴ条約の考えに基づけば、無防備地域や非武装国家こそ、より安全と考えられます。つまり、武力攻撃の正当原因がないわけですから、このような地域を攻撃することは、国際社会の非難を受け、国連の制裁の対象にもなります。歴史的には、軍隊や軍事施設などの軍事目標がある地域こそ他国からの武力攻撃を誘発し、武力攻撃の対象とされてきました。外国からの武力攻撃が生ずるとすれば、それは政府の外交の失敗によるもので、無防備地域宣言都市の責任ではありません。

　ところで、無防備地域宣言に反対する論者は、ジュネーヴ条約第1追加議定書第59条において、無防備地域が「占領に対して開放されるもの」と規定されていることにもかかわって、無防備地域が占領軍に対して何も抵抗せず、敵軍の無法な支配も容認するものであるかのように理解しているようです。しかし、それは、ジュネーヴ条約などの現代国際法における「占領」や「無防備地域」の意味について、無理解のように思われます。

　「占領」については、武力行使を違法化している現代国際法で禁止されている「征服」（他国領土の一方的取得、主権の変更）と混同してはなりません。占領は暫定的な管理・支配にすぎず、戦闘の終了により軍事占領も終了し、占領軍が撤退するのが原則です。とりわけ「無防備地域」に関しては、軍隊を投入すべきでなく、非軍事的管理が望ましいとされています。そして、占領軍に対しては、次のような遵守義務が課せられています。占領地の法律を尊重し秩序を維持すること、個人の生命・財産・信仰などを尊重すること、強制労働の禁止、住民のための食糧や医薬品の確保ないし輸入の義務などです。ジュネーヴ条約第1追加議定書では、占領下における住民の人道保護および基本的人権の

保護も明記されています。

　もちろん、上記のような国際法のルールが占領軍によって確実に遵守される保障はありませんが（アメリカなどによるイラク占領など）、そうだからといって、当該ルールが無意味ということにはなりません（犯罪がおき刑法が破られるからといって、刑法を無意味とは考えないのと同様です）。

　なお、「無防備地域」が無抵抗な地域であると思われがちである点についてですが、それは次のように理解すべきでしょう。無防備地域においては、法と秩序を維持する警察の活動が許されますし、国際法上違法な占領・支配（敵軍の無法支配）に対しては、武力的な敵対行為でない、非武装的・非暴力的な住民の抵抗であれば許されるということです。G・シャープの見解に依拠していえば、プロテストのための集会・監視・文書配布といった非暴力的プロテスト、社会的・経済的・政治的非協力（ボイコット）、非暴力的占拠といった非暴力的介入による「市民的防衛」は、「無抵抗や怯懦とは正反対の態度」であり、そこには「降伏のための白旗は全く存在しない」といえるでしょう（G・シャープ『武器なき民衆の抵抗』れんが書房、1972年。本書第3部第6章118～119頁参照）。

　今日の高度化した軍事力のもとでは軍事力による領土防衛が困難であることを考慮すれば、むしろ、「市民的防衛」により、無法な占領の不当性を内外に訴えていくことが有効です。このような点において、無防備地域（宣言）の現代的な存在基盤と存在意義があるように思われます。

Q7 有事法制や国民保護法があるのに、それらと一見矛盾する無防備地域条例を制定することはできるのですか？

　無防備地域条例が成立すれば、当該地域は国が戦争状態にあっても戦争に参加ないし協力しないことになりますから、無防備地域条例は、自衛隊や米軍の軍事行動に協力することを自治体や住民に求める有事法制と矛盾することになるでしょう。有事法制の中でも、とくに武力攻撃事態法、改正自衛隊法、米軍支援法、特定公共施設等利用法は問題となります。

　しかし、有事法制の中でも、国民保護法に限っていえば、同法は軍事行動にかかわらない形で、住民の避難・救助などの措置を扱うので、戦争に参加しない無防備地域と抵触しないという解釈もありえます。したがって、有事法制を推進する側からも、武力攻撃事態等への対処基本方針や、国民保護計画の中においてであれば、国や自治体の判断で、無防備地域を容認する場合がありうるという見解もみられます。もちろん、それは、市民の要請に基づいて、自治体側が独自に無防備地域条例を制定することを容認するものではありませんし、国民保護法が現実的には、武力攻撃事態法などとセットで、戦争動員の手段として機能しますので、国民保護法の運用には注意しなければならないでしょう。

　ところで、無防備地域条例が有事法制に矛盾するという解釈は、形式論的には、条例は法令ないし法律の範囲内でしか制定できないということ（憲法94条、地方自治法14条）が根拠になっています。現在の国や自治体当局の見解では、有事法制の範囲内でしか条例を制定できないということになりますから、無防備地域条例は認められないということでしょう。しかし、法令の範囲内というのは、憲法に適合する法令の範囲内ということですから、有事法制の憲法適合性を何ら問わない官僚主義的解釈は疑問です。

　有事法制が非戦・非武装主義の憲法９条に違反するという前提に立ちますと、自治体は、有事法制を前提としないで、むしろ、憲法９条を直接具体化する立法として無防備地域条例を制定すべきです。「確立された国際法規」を誠

実に遵守すべきであるとする憲法98条によって、日本が批准したジュネーヴ条約に根拠をもつ無防備地域は、それを容認する国の法律がなくとも、条例を通じて具体化できます。なぜなら、日本国憲法の法体系のもとでは、一般的には、法律よりも国際法規が優先するとされているからです。

　なお、有事法制が国から自治体に与えられる法定受託事務で、しかも、自治体の長が総理大臣の命令に従わない場合、国が裁判ぬきで必要な措置を代執行できるようになっていることが、自治体にとっては、無防備地域条例制定に消極的になっているようにも思われます。しかし、法定受託事務であっても、裁判に訴えてからでないと代執行できないこと（職務執行命令訴訟）が一般原則である地方自治法に照らしますと、個別法である有事法制の中に、裁判ぬき代執行を導入することの特別の合理的理由がなければならないはずですが、憲法9条の観点からは、当該合理的理由を示すのは困難なように思われます。

　また、法定受託事務といえ、地方自治法の解釈では、基本的には、自治体の「自らの判断と責任」において行うことができ、条例制定権の範囲も拡大されている点に留意すれば、自治体が無防備地域条例を制定できないという論理は根拠がありません。

Q8 防衛行政が国の専管事項であるから、防衛行政に関する無防備地域条例は自治体で制定できないという見解がありますが、それは正しいのでしょうか?

　政府や多くの自治体当局は、防衛行政が国の専管事項であるということを所与の前提として、自治体が防衛に関連する独自の平和・安全保障行政を行うこと(権限)を消極的ないし否定的にとらえています。

　確かに、現行地方自治法(2000年施行)1条の2第2項で、国が「国際社会における国家としての存立にかかわる事務」や「本来果たすべき役割」等を重点的に担うこととされていることから、防衛、平和・安全保障、外交などは国の専管事項であり、自治体には権限がないようにも解されます。

　しかし、旧地方自治法を振り返ってみますと、同法2条第10項は、自治体ができない国の事務として8項目を明記していました(司法、刑罰、国の運輸通信、郵便、国立の教育施設など)が、その中に防衛、平和・安全保障、外交などを列記していなかったことから、防衛はともかく、住民の平和・安全保障行政、ある程度の外交などに関連する事項については、自治体が独自に行えるという有力な解釈もなされてきました。

　実際にも、旧地方自治法のもとで、港湾の平和利用に関する港湾法や、旧軍港市の平和利用を明記した旧軍港市転換法が戦後制定されたり、核積載艦船の入港を規制する非核神戸方式が実施されるなど、自治体独自の平和行政が容認されてきました。

　そのような法解釈と運用が可能であったのは、いうまでもなく、平和憲法があったからです。憲法の基本原則の一つが非軍事的な平和主義であるとすれば、地方自治の本旨(憲法92条)に基づいて行われなければならない自治体行政も、非軍事的な平和主義(住民の平和的生存権保障)を基本原則にしなければならないのは当然のことです。

　現行地方自治法では、旧地方自治法2条第10項の規定が削除されたことか

ら、従来のような自治体の平和主義的な解釈はできなくなったとする主張もありえますが、現行法のもとにおいても、自治体が「住民の福祉の増進に努める」（２条第14項）ことや、「住民に身近な行政はできる限り地方公共団体にゆだねること」などが基本原則とされ（１条の２第２項）、平和や安全保障行政が明確に自治体の権限外のものと明記されていないこと、さらには、自治体の法令解釈権や条例制定権が拡大したことなどを考慮しますと、従来の平和主義的な解釈を変更する必要はないと思われます。

　結局、自治体には軍事的な防衛行政に関する権限がないとしても、現実的に政府の防衛行政が自治体や住民の平和と安全に重大な影響を及ぼす場合には、自治体が政府の防衛行政（有事法制の実施など）に従わないとか、無防備地域条例を制定するなど、代替的な非軍事の平和行政を実施することは、地方自治の本質からして可能といえるでしょう。

　無防備地域条例を制定することは、例えば、自治体当局が当該地域から自衛隊や兵器、軍用施設を撤去することを政府に要請することを意味するため、広義では防衛関連活動であるとしても、住民の平和的生存権を実現するための非軍事的な平和・安全保障行政（あえて防衛という用語を使えば、非軍事的・非武装的な防衛行政）であり、自治体ができないものではありません。自治体が、有事法制にかかわる行政を遂行することの方が、自治体にはできないはずの防衛行政を行うことになるのではないでしょうか。

Q9 無防備地域宣言は自治体が独自に行うことができないという見解は、当該宣言について規定しているジュネーヴ条約の解釈として正しいのでしょうか？

　ジュネーヴ条約第1追加議定書第59条では、戦時において無防備地域宣言をできるのは、「紛争当事国の適当な当局（appropriate authorities）」であると規定されていますが、当該「適当な当局」の意味について、無防備地域宣言運動を推進している市民らの解釈と日本政府の解釈が対立しています。「適当な当局」に国（政府）が含まれることに解釈の対立はありませんが、国以外に地方自治体などが含まれるかどうかについて、両者の解釈が異なっているのです。

　すなわち、紛争当事国Ａの特定の自治体に敵国Ｂの軍隊が接近してきた場合、Ａ国が当該自治体を無防備地域として、Ｂ国に対して宣言することに問題はありませんが、当該自治体みずからが、Ｂ国に対して、無防備地域宣言するような場合も想定されているのかが争われているのです。

　この論点を考えるには、上記議定書第60条で規定されている「非武装地帯」の保障と対比することが有益でしょう。非武装地帯の要件は、無防備地域とほぼ同じ四要件（戦闘員、兵器などの撤去、当局・住民による敵対行為の禁止など）とされていますが、非武装地帯の設定は、「紛争当事国」の取り決めによるとされており、「紛争当事国の適当な当局」とはされていません。この点を考慮すると、議定書第59条があえて「適当な当局」としているのは、国以外の機関である自治体なども、無防備地域宣言ができることを想定しているからと解されます。

　そのような解釈を補強するものとして、議定書第59条の前身の一つであるハーグ戦時海軍砲撃条約第2条（1907年）によれば、「地方官憲［当局］」（local authorities）が、「無防守都市」の条件を満たして、外国海軍からの砲撃を免れるために、軍事上の工作物・建設物や兵器などを破壊する措置を

とることができることになっていたことが、参考になります。

　このように、自治体も無防備地域宣言の主体になりうることは明らかであるといえるでしょう。しかし、さらなる問題は、自治体が無防備地域宣言をできるにしても、国の意思と無関係に、つまり国の同意なしに独自に宣言をできるかということです。議定書第59条では、その点は明記されていませんので、ここでも解釈の相違が出てくることになります。

　その点について、赤十字国際委員会の見解では、無防備地域宣言は、政府による宣言が困難な状況のもとでは、地方の軍当局や市長・知事のような文民当局も可能とされていますが、市長などが宣言する場合には、無防備地域の条件を確実に遵守できる軍当局の同意が必要とされています。

　上記の「困難な状況」とは、政府機能が崩壊しているような極限的状況だけでなく、政府が自治体による無防備地域宣言を認めようとしない状況なども含め、柔軟に解釈すべきでしょう。問題は、軍当局の同意の点です。国法体系において軍の存在と活動が正当化されている世界の「普通の国」であればともかく、事実上の非武装国家や、軍の存在と活動が正当化されていない国法体系をもつ日本のような国家においては、地方に軍隊が配置されていることを前提に、軍当局に同意を求めなければならないと解釈する必要はないでしょう。このような視点は、赤十字国際委員会の見解には欠けているように思われます。

Q10 軍事基地がある都市で、無防備地域条例を制定することができるのですか？

　ジュネーヴ条約第１追加議定書第59条が保障する無防備地域の四要件の説明はここでは省略しますが（Ｑ１参照）、この要件によりますと、戦時に際し、戦闘員や移動可能な兵器などは撤去されなければなりませんが、移動不可能な固定した軍用施設などは、直ちに撤去されなくとも、敵対目的に使用されなければ、無防備地域とみなされることになります。さらに細かくいえば、無防備地域とみなされるためには、当該地域内の工場で武器・弾薬などの軍用品の生産を容認したり、地域内の道路・鉄道を戦闘員や軍用品の輸送通過のために使用させてはならないといわれています。

　紛争当事国によって、ある地域が上記のような要件を満たしていることが確認されるならば、戦時に際し無防備地域宣言の効力が生ずることになります。また、無防備地域の要件が満たされなくなった場合でも、紛争当事国間で取り極めをすれば無防備地域とみなされますし、仮に無防備地域でなくなったとしても、武力紛争に関する国際法規やジュネーヴ条約などによる保護は与えられますので、当該地域に対して無法な武力攻撃や占領が許されるわけではありません。

　なお、上記議定書によれば、無防備地域の範囲は、無防備地域宣言の際、敵対する紛争当事国に対して、できるだけ明確に境界を定め、記述して通告すべきものとされている点から推論しますと、一つの市全域を無防備地域としないで、一つの市の中の一定の地域（軍事基地がない地域など）だけを無防備地域とすることも可能と解されます。

　ところで、無防備地域宣言の実現にとっての国内的な問題は、自治体や住民が無防備地域条例制定を要望しているのに、国や軍当局がその要望に反対する場合です。現実には、自治体当局は国の見解に追随し、無防備地域条例制定に否定的です。しかし、自治体がその気になれば、無防備地域条例を自主的に制定できるはずです。この点は、無防備地域条例ではありませんが、市

が厚木基地移転の実現に努めるという規定をもつ神奈川県大和市自治基本条例（29条）が参考になります。また、藤沢市非核平和都市条例は、核兵器を市内へ持ち込むことを拒否することを規定しています。

　もし、ある自治体が無防備地域条例を制定した場合には、それは自治体が無防備地域の条件整備を平時から行い、不幸にも戦時になった場合には、無防備地域宣言を行うことを義務づけられることになります。国は、自治体が要望する無防備地域の条件整備に応ずべき義務があります。国がその要望に応じないとか干渉すれば、それは自治体の自治権侵害であり、公平な第三者機関である国地方係争処理委員会に対する不服申し立てや裁判もできます。そもそも、非戦・非武装主義の平和憲法が存在する限り、地方に軍事基地がつくられ、軍隊が配置されること自体が違憲であり、許されないからです。

　軍事施設のある自治体は、有事ないし戦時の際には自衛隊（あるいは米軍）に援助を求める必要があるからとの理由で、無防備地域条例制定に反対しているようですが、有事の際に、自衛隊などの軍隊が住民を保護する活動を行うだろうか疑問です。自衛隊は平時における災害救助には役立つこともありますが、有事には外国軍隊との戦闘行動・侵害排除活動に専念し、住民保護のために活動するわけではありません。したがって、あらゆる軍事施設の撤去を直ちに求めないにしても、有事に際しては、軍事施設の敵対的な使用をしないようにする無防備地域条例を制定しておくことも意義があると思われます。

第2部　争点整理編

無防備地域宣言をめざす条例づくり

第1章 無防備地域条例のしくみ

1. 自治体の平和都市条例と無防備地域条例

　無防備地域条例は自治体の平和都市条例の一つであるが、無防備地域条例の性格や特色を知る前提として、他の平和都市条例について、簡単にみておくことにする（種々の平和都市条例や無防備地域条例（案）については、本書巻末の参考文献を参照。なお、大阪市と京都市の無防備平和都市条例案のみ本書巻末資料に掲載）。

⑴　自治体の平和都市条例

　自治体の平和都市条例は、非核平和都市宣言（全国2407自治体の約77％に当たる1848自治体）に比べると数は多くはないが、日本国憲法の平和主義と非核平和都市宣言の精神を自治体の平和行政施策（平和事業）として具体化することを目的にしている。

　多くの非核平和都市宣言は、一般的には政策的な方針ないしスローガンを示すもので、自治体を法的に拘束するもではない点で不徹底になりがちである。その点を条例化すれば、自治体を法的に義務づけることが可能になるメリットがある。

　このような条例としては、「中野区における平和行政の基本に関する条例」（1990年）、「読谷村平和行政の基本に関する条例」（1991年）、「藤沢市核兵器廃絶平和推進の基本に関する条例」（1995年）、「苫小牧市非核平和都市条例」（2002年）などがある。

　非核政策は、いわゆる非核三原則（核兵器の製造、保有、持ち込みの禁止）を自治体で実行すること、核兵器廃絶の実現に向けて他都市等との平和に関する交流を行うことなどを内容としている。一般的な平和行政としては、日本国憲法の規定する平和の意義の普及、平和に関する情報の収集および提供、国内および国外の諸都市との平和に関する交流などが掲げられている。また、そ

れらの平和事業のための財源を確保するための平和基金の設置や運用についても規定されている。なお、この平和基金に関しては、独自の条例を制定している自治体もある。その他、自治体によっては、「平和の日に関する条例」「被爆者援護に関する条例」なども制定されている。

(2) 無防備地域条例の性格

　無防備地域宣言をめざす条例（すべて条例案）には、「非核・無防備平和都市条例」（1985年天理市、2004年大阪市、2005年荒川区）、「平和・無防備都市条例」（2004年枚方市、2005年西宮市、2005年奈良市、2005年大津市）、「平和無防備地域条例」（2005年藤沢市）、「無防備平和条例」（2005年品川区）、「無防備・平和都市条例」（2005年京都市）、「非核都市平和条例」（1988年小平市、2001年泉南市）など、地域よってさまざまな名称がつけられている。

　一般的には、「無防備」という表現を入れることで、条例の目的が分かるようになっている。ただし、例外的に、「非核都市平和条例」といった名称の条例の中にも、無防備地域条例を目的にしているものがある（小平市など）。

　なお、無防備地域条例において、「無防備」とともに「非核」が掲げられているのは、無防備地域条例が、その独自の課題を達成することを直接の目的としながらも、同時に、非核平和都市条例の制定が少ないことから、非核平和都市宣言などに書かれている理念を、より発展させ実効的なものにすること、すなわち非核平和都市条例の実現を目的にしているためである。したがって、条例に「非核」の見出しがなくとも、無防備地域条例の条文の中に、非核（宣言）条項を入れているものがある（枚方市、西宮市）。また、非核宣言を独自の条項ではなく、前文や本文の目的規定の中に入れているところもあるのである（藤沢市、京都市）。非核条項についてはさらに後述する（以下の2.の(5)(a)参照）。

2.　無防備地域条例の基本的構成

　2004年以降の無防備地域条例案の基本的構成は、どれもほぼ同様であり、大阪市の条例案がベースになっている。もっとも、それらのモデルとなっているのは、1980年代のものであるが、簡単な最初の天理市条例案のほか、それ

を詳しくした小平市条例案と東京都条例案である。ここでは、大阪市条例案以降のものについて、その構成をみておこう。

(1) 前文
　前文では、戦争が絶えない世界の現状の中で何故平和が大切かといったこと、各自治体での平和行政の取り組みの経緯、無防備地域保護の根拠となるジュネーヴ条約第1追加議定書を日本政府も批准するに至った意義、各都市で無防備地域条例の制定を求める特別な歴史的・文化的な背景などが述べられている。

(2) 目的規定
　前文につづく本文第1条は、どの地域の条例案も共通しているが、無防備地域条例の目的について規定している。前文とも重複するが、当該条例が日本国憲法の平和主義の理念、政府の非核三原則、自治体の非核平和都市宣言、ジュネーヴ条約などの国際人道法に基づいていることを簡潔に述べている。そして、市民の「平和」や「安全」を守ることが目的であると規定されている。ただし、文化財保護を強調する条例の場合は、さらに「歴史と文化」（大津市条例案）ないし「文化」（京都市条例案）の保護という文言が追加されているのが特色となっている。

(3) 市民の平和的生存権保障規定
　市に対し平和行政や無防備地域宣言を要求する市民の権利的根拠と権利内容について規定しているのが平和的生存権保障規定であるが、それは憲法前文の規定を再確認したものである。権利内容としては、市民の意に反して、戦時のみならず平時から、軍事を目的にした市民権の制約、財産権の侵害、自然環境の破壊を受けないことを規定している。これは、平和的生存権の権利性を評価する憲法学説を踏まえたものである。なお、文化財保護をも重視している条例の場合は、上述の目的規定との関連で、自然環境に加えて「文化環境」（奈良市・京都市条例案第3条）ないし「文化財」（大津市条例案第3条）も保護対象となっている。

⑷　市の責務としての戦争非協力の総則規定

　どの条例案においても、市民の平和的生存権に応えるべき市側の責務に関する総則的（包括的）な規定として、「戦争に協力する事務を行わない」という規定が設けられている。これは、非戦平和主義憲法から当然導き出されることであるが、京都市条例案の場合は、同条例の前文に引用されている「非核・平和都市宣言」（1983年）が「戦争に協力する事務は行わない」と述べていることを、再確認のため条例化した点で注目できる。

⑸　市の責務としての戦争非協力の各論規定

　条例案が市の戦争非協力責務として、個別に規定しているのは次の事項である。

⒜　非核政策

　前文や目的条項以外で、独立した非核（三原則）遵守条項を本文に入れている例が多い。例えば西宮市条例案（第4条）は、「1．西宮市は、非核三原則を遵守し、市内における核物質の製造・貯蔵・持ち込みを禁止する。2．西宮市は、核兵器（劣化ウラン兵器を含む）その他大量破壊兵器の製造・運搬・使用等を禁止し廃絶するための措置を国際機関、関係国、関係諸団体などに働きかける。」と規定している。なお、非核平和都市条例をすでに制定している都市の場合（藤沢市条例案）、あるいは無防備平和都市宣言に焦点をしぼっている都市の場合（京都市条例案）は、独立した非核遵守条項を設けていない。

⒝　無防備地域宣言

　戦時（武力紛争）あるいはその恐れが明白な場合、ジュネーヴ条約第1追加議定書第59条に定める無防備地域の宣言を市長が日本政府および紛争当事国に通告する、という趣旨の条項である。当該議定書第59条が規定する無防備地域の定義（四要件）については、大阪市など初期の条例案では明記（条約文言の引用）されていないが、最近の条例案では分かりやすくするために明記されている（大津市や京都市条例案第2条など）。京都市条例案では、無防備地域とは、「ジュネーブ条約第1追加議定書第59条により、戦時において次の要件を満たす場合、紛争当事国からの武力攻撃が禁止される地域のことである」として、①戦闘員・移動軍用施設の撤去、②固定軍用施設の敵対的不使用、③当局・住民による敵対行為が行われていないこと、④軍事行動を支援す

る活動が行われていないことの四要件が明記されている。

上記の無防備地域宣言は、議定書が本来想定しているものであり、日本が不幸にも戦争に巻き込まれた場合に行うものであるが、それとは別に、より大切なことは、自治体が平時から無防備地域の要件を満たすことである。この点について、例えば、大阪市条例案（第5条）では、「2．大阪市は平時においても前項の議定書に定める無防備地域の条件を満たすように努める。」と規定している。京都市条例案（第6条）では、「市長は、平時においても、第2条に定義する無防備地域の要件を満たす適切な措置を取ることを国に求める。」と規定している。

(c) 攻撃の影響に対する予防措置

現実に軍事施設が存在すると、戦時において無防備地域の要件を満たさないことになる。そこで、当該要件を満たすことを国に要求できないかが課題となる。この点について、大津市条例案（第6条）は、「2．大津市は平時から第2条に定める無防備地域の要件を満たすよう努める。」という規定に続いて、「3．『ジュネーヴ条約第1追加議定書』第58条に定める攻撃の影響に対する予防措置として、軍事目標の撤去ないし戦時における機能停止を日本政府に求める。」と規定している。

要するに、この規定は、当該議定書第59条の無防備地域の条件確保を別の側面から要請できる根拠となりうる同議定書第58条の意義を活用しているといえよう。ちなみに、同議定書第58条は、戦時を念頭に紛争当事国に対し、「(a)自国の支配下にある文民たる住民、個々の文民および民用物を軍事目標の近傍から移動させるよう努めること。(b)人口の集中している地域又はその付近に軍事目標を設けることを避けること。(c)自国の支配下にある文民たる住民、個々の文民及び民用物を軍事行動から生ずる危険から保護するため、その他の必要な予防措置をとること。」を可能な限り最大限要請している。

大津市条例案の予防措置規定は、他の条例案にはみられない注目すべきものであり、今後の平和都市条例案に取り入れられることが望まれる。

(d) 文化財保護

文化財保護については、前文や目的規定における言及とは別に独立した条項を定めているのは、奈良・大津・京都市の条例案（いずれも第7条）である。

例えば、奈良市条例案（文化遺産の保護）は、「奈良市は、世界遺産の『古

都奈良の文化財』をはじめとする貴重な文化財を保護し、後世に伝えることの大切さを自覚し、文化遺産を戦争によって破壊されることを防止する適切な措置を取る。」と規定している。京都市条例案（文化財の保護）は、「市長は、世界遺産をはじめとする京都市内の文化財を戦争によって破壊される事を防止するために、第2条に定義する文化的財産の強化的保護を国に求めるとともに、有形無形の京都の文化の保護を通じて平和なまちづくりに寄与するものとする。」と規定している。

　無防備地域条例の中に文化財保護を規定するのは、軍隊や軍事施設がなく戦争に協力しない無防備都市の方が、武装して抵抗する都市に比べ武力攻撃を受ける恐れが少ないことを考慮して（国際人道法といわれるジュネーヴ諸条約、武力紛争の際の文化財保護条約などが根拠）、文化財保護のためにも、無防備地域宣言の意義があることを示すためである。第二次世界大戦中に、文化都市であるローマが無防備地域宣言を行い、連合国の武力攻撃を免れた例がある。

　このような趣旨については、奈良市条例案の前文では、「真の平和を希求し、戦争による文化遺産の破壊を防止するために」無防備都市条例を制定する、と述べられている。京都市条例案の前文では、「市全域に数多くの世界遺産を有する京都市が、1999年の『武力紛争の際の文化財の保護のための条約』（以下文化財保護条約）第2追加議定書の精神を踏まえ、文化を守り、創造していくためにも、無防備地域宣言が不可欠である。」と述べられている。京都市条例案の場合は、文化財保護の条約上の根拠をも明示しており注目できるが、あまり知られていないので、以下で若干コメントしておくことにする。

　「武力紛争の際の文化財保護条約」は第二次世界大戦後の1954年にすでに作成されているが（2年後発効）、当該条約によれば、重要な軍事目標から妥当な距離に存在し、軍事上の目的に使用されないという要件を満たす重要な文化財や文化財集中地区は、締約国間で不可侵の「特別保護」の下におかれる。ただし、その実効性が確保されるためには、特別保護に関する「文化財国際登録簿」に登録される必要があるが、「特別保護」の要件を充たすことが実際には困難なこと、その後も戦争による文化財破壊が深刻であることなどから、同条約の実現性を容易にし、かつ実効性を高めるために、文化財保護条約の第2追加議定書が1999年にハーグで採択された（2004年発効）。

このハーグ議定書では、攻撃における予防措置として文化財でないことを確認すること、軍事目標の近辺から移動可能な文化財を取り除くこと、文化財の近くに軍事目標を設置しないことなどが規定されている。さらに、人類にとっての文化遺産であり、国内法律等で特別保護され、軍事目的で使用されないという三要件を満たす文化財の場合は、紛争当事国から「強化保護」の下におかれることになった。当該議定書違反行為には刑事責任が負わされる。京都市条例案第２条の２で規定する「文化的財産の強化保護」についての定義は、以上のような文化財保護条約の今日的到達点を踏まえている。日本政府が当該条約の二つとも批准していない中で、無防備地域条例制定と関連させて、文化財保護条約の批准を国に要求していくだけでなく、条約の理念を自治体においても自主的に実行していくことが求められているのである。

⑹　平和事業の推進
　平和事業の推進に関する条項では、無防備地域宣言に関する事業に限定しないで、「戦争の防止と世界平和の実現」のために考えられるさまざまな行政課題が掲げられている。それは、他の平和都市条例ともほぼ共通している。京都市条例案（第８条）を例にしてみると、次のような実施すべき平和事業があげられている。「軍事力の行使による紛争解決としての戦争に反対する平和意識の普及・宣伝活動」「戦争に反対し、平和を希求するための住民参加の事業」「憲法、国際人道法の普及などの平和教育の推進」「平和記念物の保存、展示」「平和のための国際交流事業」などと、これらの事業に対する市長の後援や助成などである。
　なお、無防備地域条例案の場合は、すべてではないが、京都市条例案などにみられるように、「国際人道法」の「普及」（枚方市条例案などでは「学習」）といった文言が入っているのが特色である。これは、日本政府も批准したジュネーヴ条約第１追加議定書第83条が、同条約の周知義務を締約国に課していることを踏まえたものである。同条によれば、「１．締約国は、……諸条約［1949年のジュネーヴ諸条約］及びこの議定書を自国の軍隊及び文民たる住民に周知させるため、軍隊の教育の科目に諸条約及びこの追加議定書についての学習を取り入れ並びに文民たる住民によるその学習を奨励することを約束する」と規定されている。

⑺　その他の規定

　以上のような基本的な規定のほか、平和事業に必要な平和予算の計上に関する規定と、条例の施行細則に関する規定が設けられている。「付則」には、条例が制定された場合の施行期日と、内外の公的機関への周知について規定している。海外の機関としては、国際連合、国際連合加盟国のほか、国際人道法を専門的に扱う赤十字国際委員会などが条例の送付先とされている。

第2章 無防備地域条例制定をめぐる争点

　無防備地域条例の目的やしくみについては前章で説明した通りであるが、住民の無防備地域条例制定要求に対して、大阪市などのこれまでの自治体当局と議会は否定してきている。市長意見に関していえば、いずれもマニュアル化されたように類似しているが、無防備地域条例を制定することについて、個々の条文に言及しながら、結論的に、その必要性ないし実効性がなく、また地方自治法に抵触し（自治体の権限を超え）適当でないとしている。市民の中にも否定論や懐疑論がないわけではない。これらの否定論や懐疑論に対し、ここでは、条例案に沿って概括的に検討しておくことにする（本書第1部の「Q＆A」と第3部の第6章でも、主要な争点については詳しく検討しているので参照）。以下、最初に無防備地域宣言関連以外の争点について簡単に検討し、その後で無防備地域宣言に関する争点について検討することにする。

1. 無防備地域宣言以外の争点

(1) 市民の平和的生存権保障規定

　市長意見などの否定論は、平和的生存権が日本国憲法の前文に規定されており、条例に改めて規定する必要がないというものであるが、それは、軍事に関連したことで市民の人権が制限されないという平和的生存権の意義を軽視し、現実に平和的生存権が侵害されている現実や、有事法制により今後平和的生存権が制限される恐れがある事態を正当化するものである。無防備地域宣言の本質的目的が住民の平和的生存権保障であるから、それを憲法以外の条例などの立法で再確認することは、決して不要で無意味なことではない（平和的生存権の詳細は、第3部第1章・6章参照）。この点については、例えば、教育基本法が憲法の平和主義の理念を再確認している例などが参考となろう。

(2) 非核政策

　市長意見は、核実験国への抗議や核廃絶の訴えなどを行っていることや、非核三原則の堅持についての市の姿勢をすでに明らかにしていることを理由に、非核三原則の遵守について、改めて条例で規定する必要はないと述べている。しかし、非核三原則が政府によって遵守されていない現状では、当該原則の遵守を条例で再確認することは不要なことではない。また、西宮市条例案などが、近年の戦争で新たに問題となっている劣化ウラン兵器や大量破壊兵器なども廃絶の対象としていることを無視している点で問題である。

(3) 文化財保護

　文化財保護についての市長意見は、文化財保護に関する既存の法律や条例によって守られてきおり、改めて条例で定める必要はないというものである。

　しかし、そのような文化財保護法などは戦時を想定したものではないから、政府が想定する有事に対応できない。確かに、国民保護法に基づく国民保護計画では、文化財の避難が求められているが、武力攻撃を受けることを前提にして被害を最小限にする措置を講ずるとか、被害を受けた場合の修復を行うことくらいしか定めていない。実際、奈良県が述べているように、東大寺の大仏は大きすぎて移動は無理なので、破損した場合の修復に重点を移すしか対応策がないのである（『産経新聞』2005年10月23日付朝刊）。

　このような現実を直視するならば、条例案のように、自治体が「武力紛争の際の文化財保護条約」を政府が批准するように要請するとともに、自治体が無防備地域宣言によって、戦時にも備えた文化財保護の環境整備を行うことが、文化財保護にとっては有効な対策であるといえよう。

(4) 平和事業

　平和事業については、市長意見は概ね、非核平和都市宣言の理念に基づいた非核平和事業を行っており、今後も継続していくというものである。例えば、大阪市長意見では、国際平和センターを開設し、平和記念物の保存・展示・講演会などを通じた平和意識の普及に努めていること、あるいは平和に関する国際交流、軍縮会議の誘致などを行っていることなどを紹介している。京都市長意見などでも、ほぼ類似のことが述べられている。

しかし、京都市議会の討論では、平和関連図書コーナーの設置が常設でないとか、被爆者団体への補助金が削減されているといった問題点が指摘されている。さらに今後必要なことは、上記のような従来型の平和事業だけでなく、とりわけ現代戦争が起きている背景や現代戦争における国際人道法の意義についての学習などの事業であろう。無防備平和都市条例案の積極的意義は、このような点を要請していることにもあるのである。

2. 無防備地域宣言に関する争点

⑴ 無防備地域条例（制定）に対する否定論・懐疑論

　無防備地域宣言については、市長意見は、法的な観点から、主要には三つの理由（以下の第1～第3）から否定しているが、それに関連して、市議会議員などからは、現実論的な観点（第4）も含め、さまざまな否定論ないし懐疑論が出されている。

　第1に、⒜無防備地域の宣言主体に関連して、ジュネーヴ条約第1追加議定書第59条の解釈論として、無防備地域宣言ができるのは政府（国）だけであり、自治体は独自に宣言できないという否定論がある。

　したがって、仮に自治体が宣言したとしても、それは当該議定書において規定されている宣言に当たらないということにもなる。また、平時から無防備地域宣言をしても何の拘束力も生じないし、だれに対して宣言するのかといった懐疑論も出されている。さらには、自治体が無防備地域宣言ができるとしても、軍当局の同意がなければできないという見解も出されている。

　第2に、同じく、⒝無防備地域の宣言主体に関連するが、地方自治法の解釈論として、防衛行政は国の専管事項で、自治体には権限がないことを理由にする否定論がある。これに関連して、無防備地域の四要件はすべて防衛に関する行動だから、自治体では扱えないという現実論的な観点からの懐疑論がある。

　例えば、次のような見解である。⒞無防備地域の四要件を整備することは実際困難である。例えば、軍事施設や基地がある場合、政府の意向に反して無防備地域宣言をしたり、軍事基地の撤去ができるのか。⒟四要件に関して、無防備地域にある道路や鉄道を軍事物資を運ぶ車両が通過することを自治体は

阻止できるのか。(e)四要件に関して、無防備地域に占領軍が入ってきたとき、自衛隊や米軍が防衛のために反撃することを自治体は阻止できるのか。(f)無防備地域宣言は住民、公務員、自衛隊、警察などに無抵抗を強いるのではないか。

　第3は、(g)条例は国の法令の範囲内でしか制定できないことと、有事法制・国民保護法、自衛隊法などが制定されていることから、当該法律に抵触する無防備地域条例は制定できないということを理由にあげる。したがって、結論的には、軍事によらない住民の平和的生存権保障ではなく、有事法制・国民保護法の実施や自衛隊・米軍の行動を優先した自治体行政が行われることになる。

　第4は、その他の現実論的な否定論・懐疑論として、次のような見解がある。(h)無防備地域宣言は武力攻撃や占領を誘発し、無血開城や無法支配を容認する。(i)無防備地域宣言をしても、ミサイル攻撃などに対処できず無意味である。(j)第二次大戦中、無防備地域宣言をしても安全が守られなかった例がある。(k)無防備地域宣言運動は、自分たちが住む地域の安全だけを考えているのではないか（地域エゴ論）。(l)憲法9条のもとで戦時を想定する条例制定運動は平和運動といえるのか。(m)無防備地域宣言が安全であるなら、世界の都市はなぜ無防備地域宣言に注目してこなかったのか。

(2)　無防備地域条例（制定）に対する否定論・懐疑論の問題点

　無防備地域条例（制定）に対する上記の(a)から(m)のような否定論ないし懐疑論について、その問題点を以下で検討する。

(a)　ジュネーヴ条約第1追加議定書第59条の解釈として、自治体が無防備地域宣言できることは市当局も認めるようになっている。現在は、地方の軍当局の同意がなければ自治体は無防備地域宣言ができないという解釈にこだわっている。それは赤十字国際委員会発行の注釈書を論拠にしているが、赤十字国際委員会の見解は、国際司法裁判所が出した有権的解釈ではなく、一つの解釈にすぎない。平和創造の視点から、非軍備国家など、各国の事情に応じた柔軟な法解釈も可能なはずである。国連憲章では想定されていないPKO（国連平和維持活動）などのように、国際社会で一般的に受容されるようになった

例がある。したがって、条例案にしたがった無防備地域宣言を、当該議定書の規定する宣言と無関係のものとみる見解にも賛成できない。

　なお、平時の無防備地域宣言は、紛争当事国が特定されないから、対外的に法的効果が生じないことは当然である。対外的に法的効果が生じるのは戦時であるから、戦時に改めて、紛争当事国に無防備地域宣言を通告することになる。平時に無防備地域宣言をするのは、世界各国に対し無防備地域であることの政治的な予備的・警告的宣言をしておく意味がある（後に武力攻撃された場合には、戦争犯罪の立証根拠となりうる）。

(b)　自治体には防衛行政権限はないが、国の防衛行政が地方に影響する限り、自治体が住民の福祉と平和的生存権保障のために独自の平和行政を行えることは、平和憲法と地方自治法からは問題がない。また、戦後の自治体の平和行政の蓄積もある（第3部第2章参照）。

(c)　自治体や住民の取組みいかんでは、政府の同意がなくとも、平和憲法に基づき、無防備条例を制定し、法的には軍事基地の撤去などを要求できる。これは、平和憲法に基づく住民自治の本質からして、自治体の当然の権利である。大和市自治基本条例のように、無防備地域条例ではないが、厚木基地移転を求める努力をするという規定を設けている例も参考になる。法的拘束力はないが、米軍再編にともなう基地移設反対の住民投票なども注目される。無防備地域条例に基づく自治体の要求に政府などが応じない場合は自治権の侵害であるから、法解釈の是非も含め、公平な第三者機関である国地方係争処理委員会に不服申し立てをし、さらに裁判所で争うこともできるであろう。

　なお、現実には軍事基地が撤去されないために無防備地域と認定されない場合でも、ジュネーヴ条約第1追加議定書によれば（第51条、第57条）、紛争当事国が住民を巻き添えにして死傷させるような方法で軍事基地を攻撃をすることは禁止されていること（攻撃の際の予防措置）に留意すれば、平時から無防備地域になる努力をすることが、まず何よりも重要である。この点については、大津市条例案の規定（第6条）が注目できる。

(d)　無防備地域条例が制定されておれば、自治体が軍用車両の通過を法的には拒否することはできる。というのは、非武装平和憲法がある限り、それを具体化する平和条例に基づき、自治体は国の防衛に関する一切の活動を規制できるからである。参考になる例として、藤沢市の非核平和条例は、核兵器に関

してではあるが、市内への持ち込みに協力しないことを明記している。神戸市は、神戸市港湾条例と議会決議に基づき、核兵器積載艦船の入港を拒否してきた実績がある（非核神戸方式）。

(e)　無防備地域に自衛隊などが入る行為は無防備地域条例に反するが、現実的には、そのような事態が起こったとしたら、自治体が実力で阻止することは困難であろう。しかし、それは無防備地域の責任問題ではない。軍隊がいる自治体であっても、占領軍が入ってきて交戦状態になれば、それを自治体が阻止することはできない。したがって、当該問題は、無防備地域宣言を批判する論拠としては意味があるとはいえない。

(f)　無防備地域宣言は、無防備地域における住民や警察などに無抵抗を強いるものではない。住民の自発的な非武装・非暴力抵抗は可能であるし、警察が治安的な任務を遂行することは、ジュネーヴ条約第１追加議定書第59条でも容認されている。なお、「仮に、日本が他国に侵略されたら、あなたは、どうしますか」という最近の世論調査（『読売新聞』2005年９月16日付朝刊）によると、「武器を持って抵抗する」が16.6％にすぎず、「武器以外の方法で抵抗する」が16.6％、「安全な場所へ逃げる」が35.4％、「降参する」が8.3％となっている。この結果からみると、日本国民の平和意識は無防備地域条例制定の趣旨に適合しているように思われる。

(g)　有事法制などの軍事関連法令だけを前提とし、当該法令の違憲か合憲かの憲法適合性を全く考慮しない法解釈は問題である。また、現実論としても、有事法制や国民保護法の実施によって、住民の安全が実際に確保できるのかのシミュレーションも疑わしいのが現状である。

(h)　この種の主張は、日本が武力攻撃ないし侵略されたらどうするかという被害者的意識からなされている。しかし、日本のおかれている現実は、日本がアメリカの先制攻撃（侵略）的な対外戦争に加担していることであるから、市民としては加害者であることを自覚することから問題を考えることが重要である。その上で、政府が対外的な戦争に加担していること、あるいは今後の新たな戦争加担の反動として、日本に武力攻撃事態が発生した場合に、政府が引き起こした戦争と有事法制に協力するのかという問題である。

　なお、無防備地域であることが武力攻撃などの誘発原因になることが強調されているが、無防備地域であることと、武力攻撃の誘発原因とは直接的には関

係がない。軍事的な地域や国家の方がむしろ武力攻撃などを誘発したり、軍事介入されている。アメリカのような軍事大国こそテロ攻撃を誘発しているし、それを防衛できる保障もない。非武装国家や地域は攻撃される実益および国際法的な正当性が基本的にはないはずである。カリブ地域にあるハイチは非武装国家だから政権を維持できなかったといった俗論もあるが、それは適切ではない。非武装国家であろうがなかろうが、アメリカなどが背後で反政府的武装勢力を支援工作すれば、途上国の政権や治安が維持できなくなるのは当然のことであろう。

(i) ミサイル攻撃を受ければ、現在のほとんどの国では防衛できないのは当然で、それは無防備地域に限らないことである。しかし、ある国がミサイル攻撃を受けたとしても、それだけで戦争が終結せず、最終的には占領統治のため地上戦になるから、占領軍が侵攻してきたときに、特定の都市などが武力攻撃を回避するために無防備地域宣言をする意味がないとはいえない。

(j) 第二次大戦中の無防備地域宣言については、確かに守られなかった例もあるが、守られた例もあり、過大に評価することも、過小に評価することも適切ではない。無防備地域宣言といっても、戦前の場合はハーグ陸戦法規などに、戦後の場合はジュネーヴ条約第1追加議定書に根拠があり、国際人道法の発達段階を踏まえた、無防備地域の国際法的保護の制度的違いに留意する必要があり、単純に同列に論ずることはできない。もちろん、戦後においては、国際法的保護が強化されている。

(k) 無防備地域宣言運動は、無防備地域を各地に広げる平和運動の一つである。それは、軍事基地撤去、非核・軍縮、平和憲法擁護などの運動とも連携して行われており、地域エゴのようにみるのは根拠に乏しい。自治体への米軍基地移設に反対する住民投票を地域エゴとみるのが適切でないのと同様のことである。

(l) この懐疑論は平和憲法擁護論者の一部から出されているものであるが、疑問である。というのは、非戦平和憲法のもとでも、戦時に関する条約が妥当する場合があるし、それを活用することができるからである。ある意味で武力紛争を想定している国連憲章もそうである。また、第三国間に武力紛争（戦争）が発生しているときは、非武装中立を憲法が要請しているとの立場（非武装中立運動）からすると、中立宣言すべきことになる。その場合は、戦時中立に関

する条約(権利・義務)が妥当するのである。あるいは、核廃絶を主張する場合に、核使用が様々の戦時国際法ないし国際人道法に違反することが論拠とされている。このように考えれば、国際人道法を生かす無防備地域条例制定運動を平和運動として疑問視する見解こそ問題であろう。

⒨　まず、非武装国家であることが明らかである場合には、あえて無防備地域宣言をする必要がないとも考えられる。というのは、無防備地域宣言をしなくとも、非武装地域を攻撃することは国際法で禁止されており、戦争犯罪になるからである。第二に、外国では、軍隊で防衛することが常識になっていることや、仮に無防備地域宣言のことを知っていたとしても、それは究極的な例外事態だと認識されていることなどが、無防備地域宣言を平時から活用するという発想に結び付かなかったのに対し、日本では非戦平和憲法の存在が、平時からの無防備地域宣言の活用に注目できたのではないかと思われる。

第3部 理論編

平和憲法を生かす無防備地域宣言

序章 | 無防備地域宣言の意義
===

　ある国家が紛争当事国であっても、当該国家の中の特定の地域・住民が、武力侵攻や占領しようとする紛争当事国に対して、軍事施設を敵対的に使用せず、戦闘行為に参加協力しないなどの意思表示をすれば、このような地域は「無防備地域」とみなされ、武力攻撃が禁止される。それは、国際人道法である1977年のジュネーヴ条約第1追加議定書（59条）という国際法で保護されている。このように、無防備地域によって、武力侵攻に際しても、住民の平和と安全が確保されるのであれば、平時から、戦争に参加協力しない平和で安全な街づくりのために、無防備地域の条件整備をしていく意義があるのではなかろうか。その有力な方法として、無防備地域あるいはそれを法的に根拠づけている国際法（ジュネーヴ条約追加議定書など）を、自治体レベルから、無防備地域条例の制定などを通じて、国内的に積極活用していくことが考えられる。今日の日本において、無防備地域宣言ないし無防備地域条例制定の意義を考え、提案する背景としては、以下のことが考えられる。

1. 有事法制・国民保護法に対する対案

　まず、無防備地域宣言を日本の安全保障（防衛）政策の現状との関連で意義づけるとすれば、自治体や地域住民に戦争協力を求める有事法制・国民保護法に対する対案として有益と考えられる。すなわち、有事法制・国民保護法を名目とする戦争動員に対して協力しない無防備地域をつくり、たとえ政府の外交政策の失敗に起因して日本が戦争に巻き込まれても、国民保護法による戦争災害からの避難確保よりも、より安全な避難地域として、無防備地域を活用することである。

　有事法制に関しては、2003年6月、自民・公明・民主党の賛成多数で、武力攻撃事態法、改正自衛隊法、改正安全保障会議設置法の有事3法が成立し、2004年6月には、有事3法を具体化する有事関連7法が通常国会で成立し

た。有事関連 7 法とは、米軍支援法、国民保護法、特定公共施設等利用法、外国軍用品等海上輸送規制法、国際人道法の重大な違反行為の処罰に関する法、捕虜等の取り扱いに関する法、自衛隊法の一部改正〔ACSA（日米物品役務相互提供協定）改定に伴う国内法整備〕である。なお、それ以外に、関連条約・協定として、上記のジュネーヴ条約追加議定書（第 1・第 2）の批准とACSA協定の改定が決定された。

　有事法制は、武力攻撃事態等に際し、政府・首相の強力な指揮のもとで、自衛隊と米軍の軍事行動を円滑に遂行させると同時に、その軍事行動（戦争）に対する協力を指定公共機関・自治体・国民に要請することにある。その内容は、改正自衛隊法では、自衛隊の行動に必要な場合には、住民の土地・家屋・物資の使用、物資の保管または収用、医療・輸送・土木の業務従事、立木等の移転・処分、家屋の形状変更などを命ずることができる。物資の保管命令などに違反した場合には、処罰されることもある。国民保護法では、例えば、国の指示に基づいて知事が指定公共機関（民間機関も対象）に対して要請する避難措置としては、放送事業者に対し警報の内容を放送させることなどが、救援措置としては、運送事業者に対する緊急物資の運送、物資の生産・販売事業者に対する緊急物資の保管命令、医療関係者に対する医療の実施などがある。救援措置を拒否した場合には、医療実施の場合は別として、知事が強制的に実施できる。また、原子炉などによる被害を防止する命令に従わない者、物資の保管命令に従わない者、通行の禁止・制限に従わない車両の運転者、土地・家屋の使用や物資の収用について立ち入り検査を拒否したり忌避する者、警戒区域などへの立ち入り禁止や退去命令に従わない者などは処罰される。

　このような自治体や住民に戦争協力を求めてくる有事法制・国民保護法などに対して、自治体・住民からどのように具体的で有効な反対運動を行っていくことが可能かが模索されてきた。その一つが、戦争に協力しない地域づくり（戦争非協力都市、戦争不参加都市）をめざす無防備地域宣言運動ないし無防備地域条例制定運動である。

　近年、この運動に最初に取り組んだのが、2003年 3 月に結成された「無防備地域宣言をめざす大阪市民の会」である。有事法制が国会で審議されている状況、あるいは米英による正当性のないイラク戦争とイラクへの自衛隊派兵、さらには平和憲法の改正論議が行われている状況に対する市民の不安を背景

に、同市民の会が2004年4月24日から1カ月で集めた無防備地域条例の直接請求署名は法定数の50分の1（有権者約200万に対して4万）を超え（5万3657）、同年7月の大阪市議会で条例制定の審議がなされた。結果的には、市民の会が提出した条例案は市議会で否決されたが、その後も、枚方市、荒川区、藤沢市、西宮市、大津市、高槻市、奈良市、品川区、京都市でも条例の直接請求署名が行われ、いずれも法定数を大きく超える署名が集まった。これらの条例案もすべて議会で否決されたが、それにもかかわらず、その後も、いくつかの都市で条例制定運動の取り組みが行われている。

2. 無防備地域に関する条例制定をめざす意義

　上記のことに関連する問題として、無防備地域は条例によらなくとも、有事に際しての宣言で可能であり、対外的に効果も発生するといえる。というのは、ジュネーヴ条約第1追加議定書第59条は、条例制定による無防備地域宣言を要件とはしていない。しかし、平時から無防備地域のための条件を整備し、有事に際して無防備地域宣言をすることを自治体に法的に義務づけるには、無防備地域条例を制定しておくことが重要である。そのために、条例制定をめざす意義がある。このような観点からのジュネーブ条約第1追加議定書第59条の活用は、同議定書の提案・審議過程においては想定されなかったかもしれないが、新奇性がある。

　なお、以下の二点に留意する必要がある。

　第1は、平時に無防備地域宣言を条例に基づいて対外的に行っても、法的効果は発生しないということである（なぜなら、無防備地域宣言は、戦時国際法の側面をもつジュネーヴ条約追加議定書に根拠をもつものであり、戦時ないし有事を想定しているからである）。その点では、無防備地域宣言は、非核都市宣言のような政治的宣言と変わらないから、紛争当事国も特定できない平時から、あえて無防備地域条例を制定する意義がないという批判もある。しかし、平時から、無防備地域であることを対外的に宣言しておくことは、武力攻撃に対する抑止的効果があると考えられる。また、無防備地域条例が制定されるならば、非核都市宣言のような政治的宣言と異なり、自治体が平時から、無防備地域の条件整備をすること、そして不幸にも日本が紛争当事国になり、特

定の地域に外国軍が接近してきた場合には、無防備地域宣言を改めて行うことを自治体当局に法的に義務づける意義がある。さらに、仮に武力攻撃を受けた場合の戦争犯罪の責任を追及する際の根拠ともなりうる。

　第２は、無防備地域（宣言）条例は、外国軍からの占領自体を軍事的には阻止するためのものではなく、武力攻撃を抑止・禁止させ、被害を少なくすることに主眼がある。この点をとらえて、無防備地域は侵略や占領を容認するものであるという批判があるが、それは無防備地域の無理解によっている。無防備地域を宣言することは、違法な侵略や占領を決して容認しないし、非武力的な方法で抵抗することまで放棄することを意味しない。いわば非暴力的抵抗は可能である。

3.　ジュネーヴ条約追加議定書の国内的活用の意義

　無防備地域宣言運動は、このように地域の安全と住民の平和的生存権保護に関する国際法（国際人道法）を国内的に活用する運動ということもできよう。日本政府がジュネーヴ条約追加議定書を批准し（2005年２月発効）、的確に実施すると表明している以上、当該第１追加議定書第59条が保障する無防備地域宣言についても、政府が行うことを検討するだけでなく、自治体が行うことに対しても容認すべきである。「日本国が締結した条約及び確立された国際法規」であって、平和憲法の理念に適合する限り、「誠実に遵守することを必要とする」（憲法98条）ことが政府に義務づけられている。そして、議定書第59条が非戦・非武装主義に基づく平和的生存権保障の憲法理念に適合するとすれば、無防備地域宣言について、政府も容認すべきことは当然であろう。

　ところで、ジュネーヴ条約追加議定書を政府は国民や軍隊に周知させる義務がある（83条）が、日本政府はこの周知義務を積極的に果たしてこなかったから、無防備地域宣言運動は、ジュネーヴ条約を通じた平和教育・学習を普及させる意義もある。そして、ジュネーヴ条約の理念や全体の概要が市民に理解されるならば、日本政府のジュネーヴ条約追加議定書の批准の意図や問題点、さらには検討課題も明らかになろう。

　例えば、ジュネーヴ条約追加議定書の批准についての政府の意図は、自衛隊の戦闘行為から生ずる戦時国際法上の問題をクリアーするためであり、有事

法制の中で明記されている「国際人道法の的確な実施」といえるのか疑問だということがわかる。というのは、ジュネーヴ条約追加議定書の批准に関して制定された有事関連7法のうち、国際人道法の重大な違反行為の処罰に関する法は、武力紛争時において、自衛隊が戦地や占領地で重要文化財を破壊したり、捕虜の送還方法を誤った場合に、自衛隊員を国内法で処罰するものである。また、捕虜等の取り扱いに関する法は、武力攻撃事態における捕虜等の人道的な取り扱いに関する国の責務を定めるもので、捕虜収容所の設置、捕虜の送還などに関して規定している。しかし、これらの法律は、外国で自衛隊が戦闘行為を行うこと、すなわち憲法9条が禁ずる武力行使ないし交戦権行使を想定しており問題である。

他方、ジュネーヴ条約追加議定書は戦闘行為を前提としているが、戦闘行為の被害から住民を回避させようという住民保護の理念も含んでいる点に着目するならば、憲法9条の理念に沿って国内的に活用できる側面を活かすことができる。例えば、無防備地域の設定以外に、それと類似する非武装地帯の設定（第1追加議定書第60条）がある。軍事目標の近傍から住民や民用物を移動させること、人口周密地域に軍事目標を設置しないことなどをうたっている規定（同議定書第58条）の国内法化および国内的実施も、現実的問題としては重要である。しかし、これらの措置を具体化することについて、政府は消極的ないし否定的のようである。

4. 国際刑事裁判所条約批准を促す意義

ジュネーヴ条約追加議定書の批准に関連して、同議定書を的確に実施するという日本政府方針によれば、国際刑事裁判所条約についても、政府は今後早急に署名・批准すべきである。無防備地域条例制定運動は、このような要求も行うことによって、国際刑事裁判所条約の批准を政府に促していく意義がある。ジュネーヴ条約第1追加議定書は、無防備地域への武力攻撃などの同議定書違反行為を戦争犯罪としているが、当該戦争犯罪を裁くことも可能な国際刑事裁判所条約が発効（2002年7月）していることは、ジュネーヴ条約が以前にもまして実効的になったことを意味する。日本政府はアメリカなどとともに、国際刑事裁判所条約を署名・批准していないのは、国際平和や国際人道法の

基本精神を実現しようという姿勢に欠けている証拠である。このような状況のもとで、有事法制の具体化だけを急ぐことは問題であろう。いま取り組むべきことは、有事法制の整備・具体化ではなく、憲法9条を中心とする平和憲法に適合する形でのジュネーヴ条約追加議定書の具体化や、国際刑事裁判所条約の批准である。

5. 憲法9条を地域・自治体から再生させる意義

　無防備地域条例制定運動は、平和憲法や地方自治の理念に基づき、地域の平和と安全の問題を行政（官僚や自衛隊）に任せきりにしないで、主権者住民が主体となって、住民の平和的生存権を確保するために、戦争に協力しない地域（平和な街・都市）づくりを行うという意義がある。いわば、憲法9条の地域からの具体的実践である。戦後、政府によって形骸化されてきた憲法9条を地域から再生するということであり、憲法9条の「改正」（改悪）論（本書第3部第7章参照）への対抗策ともなりうる。

　イラク特別措置法や日米安保体制に基づいて自衛隊や米軍が海外派兵される際に、軍事基地のある地域が軍事利用されることに協力しないこと、あるいは有事法制・国民保護法によって自治体や住民が戦争協力を求められることに協力しないこと、不幸にも日本が戦争に巻き込まれた場合には武力攻撃から免れる安全な避難地帯となりうることなどが、無防備地域の存在理由である。

　軍事的な基地や施設がない地域であれば無防備地域宣言を行うことが容易であるが、軍事施設がある地域でも、せめて戦時・有事に際し、軍事施設などを紛争当事国との関係では敵対的に使用しないことを自治体当局に約束させることができれば、無防備地域宣言は可能である。

　憲法9条の解釈との関連で自衛権を認め、自衛隊や有事法制を合憲とみる立場であっても、軍事力で防衛しきれないこと（敗戦なども含む）、あるいは軍事的抵抗の方が非軍事的抵抗より被害が大きいこともあるから、そのような緊急事態も想定して、無防備地域宣言ができる余地を認めることに賛成する見解もありうる。無防備地域宣言運動は、憲法9条を徹底した非戦・非武装主義の立場から解釈する人たちだけのものではない。もともと、ジュネーヴ条約第1追加議定書第59条の無防備地域宣言条項は、軍隊をもち有事法制をもつ「普

通の国」を想定してつくられているからである。

　しかし、本書の立場としては、ジュネーヴ条約の活用を諸国民の平和的生存権保障の観点から発展させていくためにも、憲法9条の非戦・非武装主義を実現していくプロセスの一環として、無防備地域宣言運動を位置づけている。

6.　非軍事的平和ゾーンの拡大の意義

　全国の各地域から、無防備地域宣言運動が展開され、無防備地域条例が制定されるようになれば、自治体の軍事利用をやめさせ、軍事基地の撤去にも結び付くことになろう。すなわち、戦争に協力しない非軍事的な平和ゾーンを地域から拡大していく意義がある、ということである。

　その際、日米安保体制があって米軍の軍事基地があれば無防備地域宣言の障害にもなるから、国家レベルでは、日米の集団的自衛権（軍事同盟）体制を見直すことも、無防備地域宣言を容易にする好条件となる。このような方向で考えていくと、非武装永世中立宣言を指向することにならざるをえないであろう。非武装永世中立宣言は、いわば国家レベルの無防備地域宣言なのである。それは、決して空想的理念ではなく、現実主義的理念である。そのような実例として、中米のコスタリカは1983年に非武装永世中立宣言を行い、現在も実行している。永世中立は国家が一方的に宣言し、国際法的な効力をもちうる制度である点で、無防備地域宣言とも類似している。

　憲法9条は、もともと国家レベルで非武装永世中立宣言あるいは無防備宣言すべきことを政府に要請していると解されるが、直ちに実現させることは困難である。そこで次善の策として、非武装永世中立宣言と類似し、より身近な地域から実現可能性のある平和・安全保障行政として無防備地域宣言を活用していくことの意義があると思われる。

　無防備地域と非武装永世中立国（あるいは非武装国家）は、いずれも武力攻撃が禁止される非軍事的な平和ゾーンであり、各国において、また世界において拡大されることになれば、紛争地域を減少させる点においても有意義である。

7. 地域の監視社会化への対抗としての意義

　この問題は詳論しないが、平時からの無防備地域づくり運動は、有事における住民の戦争動員につながるような地域防災を名目とした訓練と組織づくりや、安心・安全なまちづくり条例の住民監視的な運用などへの批判的な視点を提供することになる点でも、有意義であろう。

第1章 日本の平和憲法の源泉と先進性

　形骸化している憲法9条を地域から再生していくことについて無防備地域宣言運動が意義あることは上述したが、それは、憲法9条が再生されるに値する価値があるからである。このことを憲法9条の存在意義の観点からみると、非戦・非武装主義の憲法9条が存在することが、自治体における無防備地域宣言（運動）の意義を住民に自覚させ、無防備地域条例制定の有力な根拠づけを与えることになるといえる。いわば戦時国際法（現在では一般的には国際人道法といわれる）を直接に前提とする無防備地域保護の発想と、戦時国際法的世界を超えようとする憲法9条の安全保障の発想は、その歴史的由来を異にするとはいえ、非戦の方法で住民の安全を確保しようという点で、結果的には類似した機能をはたす。無防備地域宣言は、もともと非戦・非武装主義の憲法9条のような法規範がないような国家や世界においても可能なものとして考えられてきたが、憲法9条が存在していれば、同条の理念に照らして（あるいは同条を根拠に）、無防備地域宣言を行うことは、憲法9条が存在しない場合に比べ、あるいは戦争と軍隊を容認する諸外国に比べて容易であると思われる。実際、無防備地域宣言を平時から条例をつくって準備しようという試みは、外国ではなされておらず、日本で取り組まれていることに注目する外国（アメリカやスイス）の平和運動家がいるくらいである。

　このような問題意識のもとで、日本の平和憲法の源泉、特質、先進的意義について、改めて概観しておくことにする。なお、ここでいう憲法9条の先進的意義というのは、上述したように、ジュネーヴ条約第1追加議定書の無防備地域保護の意義を市民たちに自覚させやすくすることのほか、憲法9条が理念とする無軍備（非武装）国家が、憲法9条が制定されて以降、小国レベルでは増加していること、あるいは、憲法9条の想定するような平和政策（非武装中立政策）が外国でとられるようになっていること、また、憲法9条が想定するような理念が世界の市民的平和運動の指針となってきていることなどを意味する。

1. 平和憲法の源泉

　日本国憲法の平和主義の基本は、自衛戦争も含むすべての戦争放棄を定める憲法9条と、平和的生存権を定める憲法前文に根拠があるが、それは、直接的には、マッカーサー・ノート（1946年2月）とマッカーサー憲法草案（同年3月）に基づいている。それと同時に、その前提には、戦争の違法化・禁止を進めてきた国際社会の歴史的、思想的背景があることも、みておかなくてはならない。

⑴　憲法9条の戦争放棄の源泉

　憲法9条は、「国権の発動たる戦争は、廃止する。日本は、紛争解決のための手段としての戦争、さらに自己の安全を保持するための手段としての戦争をも放棄する。……いかなる日本陸海空軍も決して許されない。いかなる交戦者の権利も日本軍には決して与えられない」と書かれているマッカーサー・ノートの第2原則に由来することは明らかである。

　その主張の背景・淵源には、連合国の意思を表明する1941年8月の大西洋憲章（翌年連合国宣言として採用）や1945年7月のポツダム宣言、あるいはマッカーサーにも通達された同年9月のアメリカの初期対日指針などに示された日本の非武装化計画があったといえる。大西洋憲章では、世界のすべての国民が崇高な理由からだけでなく実際的理由からも、武力の使用を放棄することになると信ずるが、さしあたり、好戦国の非武装化が必要と述べられている（第8項）。ポツダム宣言では、日本の戦争遂行能力が破砕されるまで日本が占領され（第7項）、日本軍が完全武装解除されること（第9項）が目的にされている。初期対日指針では、日本の完全武装解除と非軍事化により、軍国主義が一掃されることが目的にされている（第1部）。

　しかし、このような日本の完全非武装化方針が、どのようしてマッカーサー・ノートのような表現になり、憲法9条に規定されることになったのであろうか。

　当時国際社会では、戦争の違法化・禁止は、1928年の不戦条約（締約国は国際紛争解決のため戦争に訴うることを非とし……国家の政策の手段として戦争を放棄することをその各自の人民の名において厳粛に宣言す」）や、1941年の大西洋憲章以降構想された反ファシズムの観点に基づき平和と安全保障

について定めた国連憲章（1945年）などに明文化されていた。しかし、それらは自衛や制裁のための武力行使までは禁止していないので、非戦・非武装という点では不徹底である。その点は、それまでの「平和主義」憲法である1791年のフランス憲法（「フランス国民は、征服の目的をもって、いかなる戦争をも行うことを放棄し、また、いかなる国民の自由に対しても、決して武力を行使しない」）や1935年のフィリピン憲法の場合などでも同様である。そうすると、マッカーサー・ノートの完全な非戦・非武装主義の発想は、第二次世界大戦終結以前に実定化された憲法や国際条約からみいだすことは困難といえよう。

不戦条約の戦争禁止（国連憲章では武力不行使の原則）の考えをより徹底するためには、不戦条約の実施にあたり留保されていた自衛のための戦争（容認）をも放棄し、一切の戦争放棄と武力不保持を明記する必要がある。そのような考え方の参考になるものとして、不戦条約の成立にも関係し、1920年代のアメリカの平和運動の中で提起された「戦争非合法化決議」や合衆国憲法修正案がある。例えば、合衆国憲法に戦争禁止条項を加えるためにフレーザー上院議員が提出した憲法修正案（1929年）には、「いかなる目的でも戦争は違法である。アメリカ合衆国またはその法域内のいかなる州、領土、結社、個人も、国内および国外において、戦争およびいかなる武力による戦いや遠征、侵略、企てについての準備、宣戦、参戦、遂行もしてはならない。そのような目的のための、資金の調達、充当、支出は一切してはならない。」と規定されている。ここに、マッカーサー・ノートの発想と相通ずる平和観が示されているといえる。

なお、マッカーサー・ノートが示される前の敗戦直後の日本国内においても、非戦・非武装の主張がなされているし（遠藤三郎、石橋湛山など）、戦前からも、同様の平和思想が唱えられていたことが看過されてはならない。自由民権論者の中江兆民、クリスチャンの内村鑑三などはよく知られているが、社会主義者の安部磯雄などは、日露戦争直前に、アジアにおける中立地帯の設置や日本の非武装永世中立化を主張していた。このような戦前の日本の平和思想と1920年代のアメリカの平和思想が、マッカーサーと平和主義者の幣原喜重郎首相の合意によるものであるが、原爆投下による敗戦と占領を契機として合流し、憲法9条の中に再生した歴史的意義は大きいといえる。

(2) 憲法前文の平和的生存権の源泉

　平和的生存権の考えはマッカーサー憲法草案で登場するが、諸国民が「恐怖と欠乏から免かれ、平和のうちに生存する権利を有する」という日本国憲法前文の個所は、上述の1941年の大西洋憲章に由来している。関連して、憲法前文の「専制と隷従、圧迫と偏狭」を地上から除去するという個所は、1943年のテヘラン宣言に由来している。この憲法前文で含意されている、戦争の原因となる偏狭や欠乏などの社会的な構造的暴力をなくすことが平和であるという平和観は、今日でいう「積極的平和主義」（ヨハン・ガルトゥング）をうたうもので、世界的にみて先進的な規定として意義があろう。憲法9条との関連でいえば、諸国民（人民）の平和的生存権の実現は、軍事力ではなく非軍事的な方法でなされなければならないということになる（その具体的内容や権利性については第6章の2参照）。

　なお、平和的生存権の観念は、国際社会でも評価されるようになっており、1978年の国連総会決議「平和的生存の社会的準備の宣言」では、「すべての国家と人間は、平和のうちに生存する固有の権利を有している」と述べられている。また、1984年の国連総会決議「人民の平和への権利宣言」では、人民の平和に対する権利の確保とその履行の促進が国家の義務であること、国家が戦争とくに核戦争の脅威の除去、国際関係における武力行使の放棄および国際紛争の平和的解決を目指すべきことなどが述べられている。しかし、それは、日本国憲法と異なり、軍事力の保持を禁ずるものではないし、いまだ完全な非軍事的な平和的生存権観念を想定するものとはいえない状況にあることに留意しておく必要がある。

2. 憲法9条の戦争放棄の特質

(1) 外国憲法の平和条項と憲法9条

　憲法9条は、戦争違法化の理念を具体化した不戦条約や国連憲章の平和・安全保障観をさらに徹底し、侵略のための戦争・武力行使はもちろん、自衛や国連制裁による戦争や武力行使も放棄し、「武力によらない平和」の実現を構想したものである。その理念は、とりわけ憲法9条2項の完全非武装と交戦権否認規定に表現されているといえる。確かに、今日においては、非核の

規定(1987年フィリピン憲法など)、軍縮の規定(1990年モザンビーク憲法や1996年バングラデシュ憲法)、永世中立の規定(1955年オーストリア憲法や1993年カンボジア憲法)など、好ましい平和主義条項をもつ憲法が登場しているが、依然として、「武力による平和」維持の観念に基づいて軍隊を保有している。コスタリカ憲法(1949年)の場合は、常備軍の保有を禁じ、実際にも軍隊をもたず、非武装永世中立政策をとっている点で注目されるが、再軍備や緊急事態に関する規定がある(後述)。しかし、日本国憲法においては、上記のような外国憲法や明治憲法と異なり、戦争・軍備・宣戦講和・徴兵・緊急事態などを容認する規定が一切ないことからも、憲法9条は非戦・非武装の絶対平和主義に立脚したものといえよう。

なお、世界25の以下の小国は、独自の軍隊を保有していない。中米・カリブ地域では、コスタリカ、パナマ、セントビンセント・グレナーディン諸島、グレナダ、セントクリストファー・ネイビス、セントルシア、ドミニカ、ハイチの8カ国。オセアニア地域では、キリバス、サモア、ソロモン諸島、ツバル、ナウル、バヌアツ、パラオ、マーシャル諸島、ミクロネシア連邦の9カ国。ヨーロッパでは、アイスランド、アンドラ、サンマリノ、ヴァチカン、モナコ、リヒテンシュタインの6カ国。アフリカでは、モーリシャスの1か国。アジアでは、モルディブの1カ国。

このうち、コスタリカ、パナマ、キリバス、リヒテンシュタインは、憲法において、平時には軍隊をもたないことが規定されている。カリブ地域とオセアニア地域の国々は、憲法9条が制定されて以降の非武装国家である。これは、憲法9条が単なる理想でなく、その理念が現実化していることを示している。もっとも、これらの非武装国家のうち、他国と防衛協定を締結している国(例えば、アイスランドやマーシャル諸島などとアメリカ)もある。しかし、今後は、これらの非武装国家ないし地域の自覚的な連合(非軍事的な平和ゾーン)が組織され、国連や国際社会がその平和と安全を保障する体制がつくられることが望まれる。

(2) 戦力不保持と自衛権

政府は、近代戦争遂行能力をもつ実力、あるいは自衛のため必要最小限を超える実力を戦力と定義し、戦力に至らない程度の実力(自衛力)を合憲としている。この自衛力は、自衛戦争肯定論からではなく、主権国家に固有の自衛

権から根拠づけられている。自衛権については、自衛権の実質的否定説が戦後当初みられたが、1949年後半以降、「武力によらない自衛権」概念のもとで警察予備隊や保安隊といった実力が容認され、1954年以降は、自衛隊（法）を正当化するため、「武力による自衛権」概念がとられるようになった。この自衛権のもとで認められる必要最小限度の自衛力は、国際情勢や軍事技術の水準等により変わりうるので、政策論として非核三原則を掲げながらも、憲法解釈論としては、必要最小限度の細菌兵器や核兵器の保持も違憲ではないとされている。このような政府見解ほど極端ではないが、自衛権を認める以上、侵略を排除できる真の意味での「最小限の武力」の保持は許容されていると解する説がある。しかし、それは憲法解釈論的には政府見解と大差がなく、国家自衛権と必要最小限度の防衛力を容認し、そのための「平和保障基本法」制定を唱える安保政策論などを正当化できることにもなろう。

　自衛権（個別的自衛権）に関しては、「武力による自衛」が自衛権を意味するものだとすれば、憲法9条が一切の武力の保持を禁じているから、自衛権も放棄されていると解する自衛権否定説が適切といえよう。自衛隊を違憲とみる従来の多数説は、自衛権を放棄できない国家の自然権のように認識したため、「武力によらない自衛権」説をとってきた。しかし、この説の内実は論者によって一定しておらず、実態的には何らかの武力の保持と行使を容認する余地を与えていること、また、日本の軍隊を提供しないが後方支援的な軍事同盟である旧日米安保条約を正当化した「武力によらない集団的自衛権」観念を含意していることなどから、「武力によらない自衛権」説については疑問がある。

(3) 交戦権の否認

　交戦権の否認とは、一般的に戦争に訴える国家の権利を放棄するだけでなく、国際法で認められる国家の交戦上の権利（軍隊をもつ国であれば戦時に容認される一定の合法的戦闘行為を行い、軍事目標を攻撃する権利）の放棄も意味する。なお、政府見解のように、戦争の全面放棄説であっても、国家自衛権を前提に、戦力に至らない最小限の自衛力（防衛力）を肯定するならば、合法的な一定の交戦権行使が容認されることになる。しかし、このような見解は、戦争と武力行使、戦力と防衛力という概念を恣意的に区別して、実質的に戦争と戦力を正当化するもので賛成できないことは上述した通りである。また、第

三国間の武力紛争にさいし、交戦当事国の一方に後方支援であれ援助をすれば、国際（法）的には軍事的行為とみなされるから、当該行為は交戦権行使に当たるといえる。関連して、これまでの政府見解によれば、交戦権の行使には相手国領土の占領や占領行政が含まれると解されてきた（1980年10月鈴木内閣答弁）。そうすると、イラク戦争における米英軍などによるイラク占領統治のような、他国の占領統治が行われている地域への自衛隊派遣は交戦権の行使に当たり、憲法9条に違反する。以上のことから勘案すると、交戦権否認から要請されている安全保障政策は、第三国間の武力紛争に際しては必ず戦時中立をとること、かつ平時から中立を恒常的に維持すべき永世中立である。したがって、日米安保のような軍事同盟、あるいは集団的自衛権なども認められない。

3. 平和憲法に基づく安保・外交政策

対外的には、非武装永世中立の理念に基づいて、外国の武力紛争には軍事的に加担しないで（海外派兵、軍事的後方支援、軍事基地使用などの禁止）、非軍事的な方法で解決する政策をとることが要請される。もちろん平時から、国際人権条約などを履行し、諸国民の平和的生存権の保障に努めること、そして戦争の原因である差別や偏見の存在（構造的暴力）をなくすことに積極的に貢献することが要請される。非武装永世中立や非軍事的な国際協調主義を「一国平和主義」とか「消極的平和主義」として批判し、軍事的な国際協調主義こそが「積極的平和主義」であるとする見解があるが、本当に国際平和に貢献しているのか疑問がある。それは、例えばアメリカが中心となって行ってきた戦争と、それに軍事的に協調してきた諸国の行動をみれば明らかであろう。

非武装永世中立の理念は、平時から国内的にも生かされなければならない。国家レベルで、自国の軍隊をもたないこと、軍事同盟を締結して外国の軍事基地をおかないことなどが必要である。仮に侵略などがあったとしても、非軍事的な方法で対処することが、軍事的に対処するより被害が少ないであろう。

憲法9条の平和主義の理念が地方自治にも貫徹されなければならないとすれば、自治体も独自に非軍事的な平和政策（行政）であれば実施すべきである。非核神戸方式は、その実例である（後述）。非武装永世中立そのものではない

が、それに近似する無防備地域宣言なども自治体で行うことができよう。仮に自国が戦争に巻き込まれても、紛争当事国に対して戦争協力しない条件をもった地域については、軍事的な攻撃から国際法的に守られるのが無防備地域(軍事的施設などが除去されている都市)であり、当該宣言は各地方自治体が独自に行うことができる。

　なお、1950年代以降の政府の安保・外交政策は、自衛力による防衛政策と日米安保体制を基本としているが、平和憲法が存在してきたことが、政府の政策に対する一定の歯止めとなる原則が立てられてきたことに留意しなければならない。そのようものとして、自衛隊の海外派兵禁止原則(1954年国会決議)、集団的自衛権不行使原則(1954年林内閣法制局長官答弁)、非核三原則(1968年佐藤内閣)、武器輸出三原則(1967年佐藤首相、1976年三木内閣)などがある。いずれの原則も、もともと不徹底さがあるうえに、形骸化してきているが、文字通りに例外を認めず実行されるべものである。

4. コスタリカの常備軍禁止憲法と非武装永世中立政策

　世界のほとんどの国は、上述したように、戦争と軍備保有を前提にしており、実際に常備軍を保有している。それに対し、規定上は、軍事に関する規定をもたず、完全な非戦・非武装を明記する日本国憲法は、徹底した平和憲法である。しかし、実際には憲法に違反し、世界有数の軍事力を保有している。他方、再軍備の余地を残しているが、非武装主義を原則とし(日本国憲法ほど非武装主義は徹底していないが)、実際に軍隊をもたない国もある。それはコスタリカであり、注目される。

　中米のスイスといわれるコスタリカは、1948年に選挙問題で生じた内戦をきっかけに軍隊を廃止(1949年憲法12条に常備軍の禁止という意味での非武装主義条項を導入)して以来、若干の哨戒艇や自動小銃などの小火器類は別として、戦闘機・戦車・軍艦などの軍備を保有していない。軍隊に代わるものとしては、テロ対策・国境警備・治安維持のための警察隊(約9000人の治安部隊ないし準軍事要員)が設置されている。コスタリカ憲法は、非武装主義を原則にしているが、大陸協定(米州機構など)の要請や国防の必要があれば再軍備ができることになっている関係で、再軍備に対応できるような国防、緊

急事態対処、徴兵などの有事関連規定をもっている。また、1983年には、中米紛争の波及をまぬがれるために非武装永世中立宣言を行ったにもかかわらず、アメリカなどからの軍事的援助や警察隊の正規軍化の動きもあった。しかし、アリアス大統領は、1980年代後半に非武装永世中立政策を徹底させると同時に、中米紛争の平和的解決に貢献しノーベル平和賞を受賞した。コスタリカでは、軍隊をもたないことが最大の防衛力と考えられてきており、実際には再軍備や徴兵は行われておらず、有事法制も機能していない。したがって、いわゆる軍事費は、福祉や教育費に使われている。コスタリカの平和政策の影響をうけた隣国パナマも、1994年にコスタリカと類似の非武装平和憲法（第305〜307条）を制定している。

もっとも、近年コスタリカ政府が非武装永世中立政策を厳格に維持してきたといえるかに関しては疑問もある。しかし、2003年アメリカのイラク戦争を支持したコスタリカ政府に対する多数市民からの批判が起こり、2004年に憲法裁判所（最高裁判所の憲法法廷）による戦争支持違憲判決が出されたことは、平和憲法の理念を回復する力が市民や司法にあることが示された意義は大きい。ちなみに、コスタリカの永世中立については、政治的な中立主義と理解する説が世界的にみて多数のようであるが、コスタリカの憲法裁判所の見解は、国際法的拘束力をもつ永世中立（スイス、オーストリアなど）と位置づけている（これは私見とほぼ同旨、澤野義一『永世中立と非武装平和憲法』大阪法科大学出版部、2002年、第三章参照）。

なお、非武装永世中立論は、コスタリカよりも早く、日本で提案されてきた歴史があることに留意しておくことも重要である。戦前からも主張されていたが、戦後、憲法9条に適合する平和・安全保障政策として、1950年前後から一定の研究と政策提言がなされてきた。しかし、自民党政権の日米安保中心外交に阻まれて実現されてこなかった事情のもとで、日本以外のコスタリカで先に実行されたともいえる。

5. 憲法9条の先進的意義

憲法9条の先進的意義は、憲法9条から要請される非武装永世中立政策が、上述のようにコスタリカで実践されるようになっているだけではなく、スイ

スなどでは、非武装永世中立政策を実現させようとする市民運動も展開されていることにみることができる。また、憲法9条が世界の市民的な平和運動（アメリカの憲法9条の会、ハーグ市民平和会議など）の指針になっていることも、憲法9条の先進的意義といえる。

(1) 軍隊のないスイスを目指すグループ

このグループは、1980年代に入ってからのヨーロッパでの反核・平和運動の中から生まれてきた市民運動組織であるが、1986年には、軍隊の廃止を目指して、憲法を部分改正する国民投票の請求（イニシアチブ）に必要な10万人以上の有効署名を集め、1989年に国民投票にまでこぎつけた。国民投票による軍隊廃止論は結果的に否決されたが、軍隊廃止賛成票は全国平均35.6％あり、二つの州では過半数を超える賛成票があった。このグループは、スイスの軍隊を廃止して、スイスを武装永世中立国から非武装永世中立国に転換させるだけでなく、兵役拒否、市民的不服従、戦争の原因となる構造的暴力を解消する包括的平和政策なども提案している。この市民グループは、スイス以外にも広がりがあるが、運動を行う際に、日本国憲法9条を外国語に翻訳して活用している点も興味深い。このグループが提案した憲法改正案は、次のようなものである。

［憲法17条］
1．スイスはいかなる軍隊も保持しない。
2．連邦・邦・自治体および私人は軍事力を形成し、あるいは保有することができない。
3．スイス国民［民族］の自決を強化し、諸国民［民族］の連帯を促進する包括的平和政策を展開する。
4．この憲法規定の詳細は、連邦の立法事項である。
［憲法18条］
この憲法のいかなる規定も、軍隊の存在を前提とし、あるいは正当化するよう解釈してはならない。

なお、この市民グループの提案・活動は、日本の非武装永世中立政策の提

言や、無防備地域宣言における住民の直接請求署名運動を考える際の参考となろう。

(2) アメリカの憲法9条の会

この会は、アメリカの石油権益獲得のために起こされた第一次湾岸戦争直後の1991年3月、日本国憲法9条を知っていたチャールズ・オーバービー博士が、憲法9条の戦争放棄の理念を世界中に広めるために創設したものである（現在日本にも、この趣旨に賛同する「憲法9条の会」が活動している）。そして、最近では、合衆国憲法に日本の平和憲法のような戦争放棄条項を入れるよう提案している。議会に提案されるまでには至っていないが、議会に提案するための請願手続きは行ってきている。合衆国憲法の改正案は次のようなものであるが、憲法9条を前半部分に取り入れている。

［合衆国憲法改正案］

アメリカ合衆国国民は、正義と秩序を基調とする国際平和を誠実に希求し、国権の発動たる戦争と、武力による威嚇又は武力の行使は、国際紛争を解決する手段としては、永久に放棄する。

前項の目的を達成するため、陸海空軍その他の戦力は、これを保持しない。国の交戦権は、これを認めない。

紛争は人間の状態の一部であり、ほとんどの場合これに対し暴力的に対処する必要がないことを認識する。アメリカ合衆国は、国内紛争を自国の「法の支配」の下で、解決しているように、今後は国際紛争も、国際的な「法の支配」の下で、非暴力的手段によって解決するように努める。（中略）

合衆国憲法の条項でこの戦争法規の修正条項と矛盾するものは今後無効である。

米国議会は、この修正条項を実施するのに適切な法律を制定する権限を有する。

(3) ハーグ市民平和会議

1999年5月、オランダにおいて、1899年5月にハーグで開かれた国際平和会議100周年を記念して、世界から約1万人の市民らが集まってハーグ市

民平和会議が開催された。この会議の閉会にあたり、「公正な世界秩序のための10の基本原則」が採択され、そこに出席していたアナン国連事務総長らにも手渡された。それは、21世紀の世界平和を創造していく際の指針を示していると思われるが、その基本原則の第1項目には、日本国憲法9条が位置づけられており、注目される。この点も含め、重要な項目を以下に取り上げておくことにする。

［公正な世界秩序のための10の基本原則から］
1．日本国憲法第9条が定めるように、世界諸国の議会は、政府が戦争をすることを禁止する決議を採択すべきである。
2．すべての国家は、国際司法裁判所の強制管轄権を無条件に認めるべきである。
3．各国政府は国際刑事裁判所規程を批准し、対人地雷禁止条約を実施すべきである。
　　　　　　　　　　　　（中略）
9．平和教育は世界のあらゆる学校で必修科目であるべきである。

これらの原則のうち、3の国際刑事裁判所規程の批准や、9の平和教育の必修化は、ジュネーヴ条約追加議定書を批准した日本にとっても、早急に行うべき課題といえる。

(4) 最近の国際会議
　最近は、憲法9条の改定論議を危惧する観点から、憲法9条の世界的な意義を国際的な会議において確認する動きもみられる。
　一つは、「武力紛争予防のためのグローバル・パートナーシップ」（GPPAC）を目指す、アナン国連事務総長の呼びかけ（2001年）に応えてつくられた国際的なNGO会議である。その北東アジアのNGO会議は、2005年2月（東京で開催）、その提言「東京アジェンダ」において、憲法9条の改定が北東アジアの近隣諸国に対する脅威になること、憲法9条が紛争解決の手段として普遍的価値を有し、北東アジアの平和の基盤としても活用されるべきことなどを確認している。

もう一つは、2005年6月パリで行われた「国際民主法律家協会」の大会で、憲法9条の改定問題が、日本の国内問題にとどまるものではなく、国際社会の重大な問題であることが確認されている。それは、憲法9条が、第二次世界大戦とアジアの植民地支配を反省した、日本の国家・民衆の世界の国家・民衆に対する平和の誓いである、という認識に基づいている。
　このように、憲法9条改正論議が高まる中で、憲法9条の普遍的意義をアジアの中で位置づける視点も、今後ますます重要になると思われる。

第2章 平和憲法下における自治体からの平和創造

1. 自治体の平和行政の基本

　日本国憲法の基本原則の一つが非軍事的な平和主義であるとすれば、地方自治の本旨（憲法92条）に基づいて行われなければならない自治体行政も、非軍事的な平和主義（住民の平和的生存権保障）を基本原則にしなければならない。地方自治法は平和行政に関する事務については直接規定していないが、「地方公共団体の健全な発達を保障すること」（1条）、「住民の福祉の増進に努める」（2条14項）といった地方自治法の基本目的ないし原則を定める規定は、憲法の平和主義に適合するように解釈・運用されなければならない。

　上記の現行地方自治法2条14項に相当する旧地方自治法2条3項は「住民及び滞在者の安全、健康及び福祉を保持すること」という規定になっていたが、そこには平和行政が含まれるという有力な解釈もなされてきた。また、それを裏付ける別の旧地方自治法2条10項があった。すなわち、同条項は、自治体ができない国の事務8項目を明記していた（司法、刑罰、国の運輸通信、郵便、国立の教育施設など）が、その中に国防や外交を列記していなかったことから、住民の平和や安全保障行政に関連する事項については、自治体が独自に行えるという解釈もなされてきたのである。自治体の平和行政は、本来的には、自治体独自の自治事務とみられるべきである。実際にも、後述するように、旧軍港市の平和利用を明記した旧軍港市転換法が戦後制定されたり、核積載艦船の入港を規制する非核神戸方式が実施されるなど、自治体独自の平和行政が容認されてきている。

　確かに、1999年の旧地方自治法の大幅な改正により、上記の旧法2条第10項が削除され、現行地方自治法1条の2第2項で、国が「国際社会における国家としての存立にかかわる事務」や「本来果たすべき役割」等を重点的に担うこととされたことから、平和や安全保障・外交は自治体の権限でなくなった

という解釈が可能のようにも思われる。しかし、「住民に身近な行政はできる限り地方公共団体にゆだねること」も現行法の基本であること（1条の2第2項）、また平和や安全保障・外交が現行法において明確に自治体の権限外のものと明記されていないこと、地方分権改革により、自治体の法令解釈権や条例制定権が拡大したことなどを考慮すると、従来の解釈を変更する必要はない。したがって、例えば、有事法制などの防衛・安全保障行政については法律上は法定受託事務だとしても、住民の生命・福祉・安全にかかわる身近な平和行政でもあるから、それにどのように対応するかは、自治体などの独自の対処権限があると考えられる。

この点については、自治体外交などが「どのような範囲で行うことができるのか、議論のあるところであり、アプリオリに国の事務と決めつけることはできないと思われる。［地方自治法］改正後はむしろ議論をオープンにするという趣旨であり、［国と地方の］役割分担の原則に照らして今後の議論を待つというのが正当であろう。」という見解（小早川光郎・小幡純子編『あたらしい地方自治・地方分権』有斐閣、2000年、65頁［鈴木庸夫］）が参考になる。

以下、非武装平和憲法の下で戦後制定された法律を改めて想起し、それを前提にすれば、当該法律に抵触するような自治体の安全保障行政（有事法制の具体化）は行うべきではない。逆に、当該法律あるいはその理念に基づく平和条例をむしろ制定すべきであろう。

2. 軍事目的の土地収用等の禁止

戦前の土地収用法では、「国防その他軍事に関する事業」目的で土地を収用または使用することができたが、戦後の同法の改正（1951年）により、当該規定は平和憲法に違反するとの理由で削除された。それは、当時の政府委員の提案理由では、「従来の規定におきましては、国防、其の他軍事に関する事業、……神社の建設に関する事業が、公益事業の一つとして上がっておりますが、新憲法の下におきましては、当然不適当であると考えられますので、これは廃止することにいたしております」と説明されていた。したがって、平和憲法と現行土地収用法を前提にすれば、違憲の有事法制などを根拠に、住民の土地を収用または使用することなどはできないはずである。

3. 旧軍港市転換法の再評価

　旧軍港市転換法は、横須賀市、呉市、佐世保市、舞鶴市の旧軍港市を「平和産業都市に転換することにより、平和日本実現の理想達成に寄与することを目的」（1条）に、1950年4月、憲法95条の「一の地方公共団体のみに適用される特別法」として、4市の住民投票で圧倒的多数の支持を得て制定され、同年6月から施行されたものである。当時、幣原喜重郎議員（晩年には徹底した平和主義者）は、この法律について、「憲法によって宣言された恒久平和の理想を具体化するものとして、その意義たるやきわめて深い。……かつては軍事的目的のためにのみ使用されていた旧軍用財産等を、世界人類の福祉のために奉仕しようとする平和産業に役立たしめ、ひいて日本経済の復興に貢献せしめようとするものであって、この法律は、全世界の人々に対し必ずやよき印象を与え、まことに新憲法にふさわしい法律」であると述べている。

　同法は現在も効力を有しているとはいえ、形骸化している。というのは、朝鮮戦争が勃発すると同時に、これらの都市の港湾は、米軍の兵站や出撃の拠点とされたり、米軍に一部接収されたりしたからである。また、これ以降も、日本の再軍備の中で自衛隊により利用されたり、日米安保条約や地位協定に基づき米軍に利用されているからである。しかし、このように形骸化している旧軍港市転換法を、その原点に立ち返って活かすために、また、有事法制の公共施設利用法などに対抗するために、当該転換法を具体化する条例制定を求めることも課題となろう。

4. 港湾法等の非軍事的運用

　港湾の平和的な利用に関連する法律として港湾法があるが、同法は、自治体の港湾管理権を明示している点（2条・33条）で注目される。戦後制定された当該港湾法（1950年）は、港湾行政を民主化するために、戦前軍事利用された国家の港湾管理権を自治体に移したのである（自治事務）。その具体例として、港湾法12条は、港湾区域や施設を良好な状態に維持すること（船舶航行に支障を及ぼすような物の除去など）や、水域施設の使用に関し必要な規制

を行うことなどの港湾管理権を規定している。また港湾法関連の港則法第4章は、爆発物などの危険物を掲載した船舶の入港に関する指揮・許可権を自治体に付与している。したがって、自治体は港湾を非軍事的に運用する権限があり、国の命令や米軍の一方的通告で、自治体の平和的な港湾利用権を妨げられることがあってはならない。自治体は当該命令や通告を拒否できるのである。

他方、この見解に反し、自治体が管理する民間の港湾（空港）への米軍の出入りは、日米地位協定の5条1項・3項により、米軍側が通告をすれば当然できるという政府解釈が行われている。それは、政府の次のような見解、すなわち、港湾（空港）の使用は「協定上認められている権利でございますので、そのつど外務省あるいは日本側に、使いたいということの承認を求める性格のものではございません」（1967年4月28日、衆議院運輸委員会）という見解に基づいている。

しかし、このような解釈や見解は、上述した地方自治法、旧軍港市転換法、港湾法などの理念のほか、次のような理由からも容認できない。すなわち、日米地位協定の原則を定める2条では、米軍に対する日本国内の施設使用は「許される」と規定されているだけで、米軍の権利とはされていないこと、したがってまた、地位協定5条もこれと同様に解釈すべきであるということである。条約や協定といえども、憲法に抵触する疑義のあるものは、憲法に適合する国内法令や自治体などの行政機関の意思を無視ないし素通りして、国内的な拘束力をもちえないはずである。この点では、これまでの運輸省が外務省と異なり、自治体管理の港湾（空港）の使用に際しては自治体の同意が必要という立場をとっていたことを想起すべきである（「朝日新聞」1996年5月31日付朝刊）。港湾利用に関する以上の評価は、自治体が管理する空港についても同様に妥当するといえよう。

5. 非核自治体の拡大

(1) 非核都市条例

平和憲法、地方自治法、旧軍港市転換法、港湾法などの理念、あるいは国の基本政策である非核三原則、国際的には非核条例や非核地帯条約の拡大などを踏まえるならば、自治体が非核都市宣言をしたり、非核平和都市条例を制

定する法的正当性があるといえる。非核都市宣言は現在では多くの自治体が行っているが、それは政治的・道義的宣言にとどまり、自治体を法的に拘束するものではない。それに比べ、非核都市宣言に法的拘束力を与える非核平和都市条例が注目される。近年では、藤沢市（1995年）や苫小牧市（2002年）などで制定されている。とはいえ、当該条例の内容は簡潔であり、核兵器などの具体的規制を定めていない。

　その点では、アメリカのバークレー「非核条例」（1986年）などは先進的内容をもっており、参考となる。同条例は、核兵器に関する作業を禁止することによって軍拡競争に反対すること、核兵器に関する作業について市民の知る権利を確立すること、原子炉の禁止、核燃料サイクルの反対などを目的とし、市民・企業・大学・工場・研究所がバークレー市内で核兵器に関する業務であることを知りつつこれに従事しないことなどを規定している。また、「平和と正義委員会の設置条例」（1986年）に基づき、同委員会は、核兵器の廃絶、世界の人権ならびに自己決定への支持、戦争や戦争準備に費やされている費用を人間的必要性と平和推進のために再配分することなど、平和と社会正義に関するあらゆる問題について、バークレー市議会と教育委員会に勧告すること、暴力をともなわず、国家レベルとともに地方レベルに適用されうる紛争解決手段を開発することなどの権限を与えられている。

　なお、このような非核条例は、合衆国の防衛権を認めている合衆国憲法に違反するのではないかとの疑いもありうる。しかし、連邦政府の軍事・外交行為が連邦に属する権限であるにしても、そもそも核兵器は連邦の権限に属しないとの考えに基づいて、連邦議会が非核条例を違憲とする法律を制定しない限り、非核条例は連邦の権限と対立するものでなく、核兵器から住民の健康、地域の健全な経済発展を守ることになり合憲であるという解釈が、非核条例推進側から行われている（古関彰一「米国における非核条例の現状」星野安三郎先生古稀記念論文集刊行委員会編『平和と民主教育の憲法論』勁草書房、1992年、121頁以下）。

　そこにみられる法律と条例の関連にかかわる解釈論は、非核神戸方式の有効性や、有事法制下における無防備地域条例の有効性の問題を考えるさいにも参考となろう。すなわち、少なくとも当該条例の制定が憲法上からも認められないという明確な法律が国会で制定されない限り、当該条例は有効であり、

無防備地域条例の制定ができないという政府的解釈だけで、自治体の法令解釈や条例制定権を拘束することはできないということである。

(2) 非核神戸方式

非核都市条例以外の自治体における非核政策で注目されてきたのは、非核証明書を提出しない船舶に入港を認めない行政措置をとる「非核神戸方式」（1975年採択）である。これは、神戸市議会の決議に基づくものである。同決議は、国際商業都市である神戸港が「市民に親しまれる平和な港でなければならない」との前提に立って、「核兵器を積載した艦艇の神戸港入港を一切拒否する」と述べている。この非核神戸方式は、今日まで守られてきており、ニュージーランドの非核法制定（1987年）などにも影響を与えている。

非核神戸方式を条例化する動きとして、高知県の「非核港湾条例」（案）が話題となったこともある（1999年）が、外国艦船の入港を国の権限とする外務省などの反対で実現してこなかった。外務省は、防衛・外交が国の専管事項であること、自治体が国の是正要求に従う義務があること（改正地方自治法、港湾法）、日米地位協定などを根拠に、非核神戸方式の法的効力を認めていないが、疑問である。それについては、すでに検討した通りである。非核神戸方式は議会決議ではあるが、それは平和憲法、港湾法、神戸市港湾施設条例（港湾環境を保全する必要がある場合、市長は港湾施設の利用許可をしてはならないことを規定）などに法的根拠がある。この点について、日本では、核兵器の規制については法令の定めがないので、「地方公共団体が核兵器の持ち込みを制限するために、その自治的に管轄する港湾区域について独自に条例を制定することが、条例制定権について定めた憲法94条や地方自治法14条1項に抵触することはない。……むしろ憲法9条の趣旨にごく適合的である。」また、「外交は国の権限に属するといっても、……あくまでも国内法に従って外交を行うものでなければならない。国内法には法律もあれば条例もある。条例の制定が法令に違反しないものである以上、他国との外交は、その条例を遵守して、進められなければならない」という見解（浜川清「非核港湾条例と地方自治」『法律時報』71巻6号、1999年、1頁以下）が参考となろう。

6. 軍事基地の存否に関する条例

　軍事基地のある自治体において、被害を受けている住民が軍事基地の撤去までは要求しないまでも基地の縮小を、あるいは新たな基地建設に対しては反対を求める方法として、住民投票条例の制定によって是非を問う試みも行われるようになっている。数はまだ少ないが、地域から住民が平和をつくっていく運動として注目できるものである。その例として、沖縄において、日米地位協定の見直しおよび米軍基地の整理縮小に関して行われた県民投票（1996年）と、名護市における米軍のヘリポート基地建設の是非に関して行われた市民投票（1997年）がある。前者では基地の整理縮小に賛成する票が、後者では基地建設に反対する票が過半数を超えた。もっとも、このような住民投票は自治体当局に対する法的拘束力がなく、現実には投票結果は守られていないが、自治体当局はその結果を尊重して具体化をはかる政治的責任はあるといえよう。

　このような軍事基地の存否に関する個別のテーマに限っての条例を制定する方法でなく、通常の一般的な条例において、軍事基地移転について自治体に努力義務を課すものが登場しており、注目できる。それは神奈川県大和市の自治基本条例（2005年4月施行）にみることができるが、その第29条において、「市長及び市議会は、市民の安全及び安心並びに快適な生活を守るため、厚木基地の移転が実現するよう努めるものとする。」と規定されている。

　従来、自治体では軍事・防衛・外交に関する行政は管轄権限がないとされてきたが、上記の事例は、条例でも軍事などに関する行政を対象にする傾向が出てきていることを意味する。この意味では、次に述べる無防備地域条例についても、その延長で考えていくことができるのではないかと思われる。

7. 無防備地域条例

　平和憲法、土地収用法、旧軍港市転換法、港湾法などの理念を生かして、自治体を戦争に協力させない平和な都市とするとともに、自治体から平和を積極的に創造していくことが課題である。その例として、上述のような、非核平和都市条例の制定、非核神戸方式などの拡大が望まれる。さらに、自治体におい

て、非核だけでなく、通常兵器や軍隊の配備および戦争協力をしない「無防備地域」の宣言ないし条例制定が期待される。それは、非核平和都市宣言や上記の大和市基本条例などを、より具体的に発展させる意義をもつことになる。とりわけ、有事法制が制定され、自治体・住民が戦争に協力させられる事態が進行しているからである。もっとも、無防備地域条例の制定についても、非核神戸方式に対する政府的な批判と同様の批判がなされているので、無防備地域条例制定の法的論拠を考える場合には、以上で検討した自治体の平和行政に関する法的問題は一応考慮に入れておく必要がある。

　しかし、現実的には、自治体の平和行政を制約するような立法が近年増大している（詳しくは第3章参照）。例えば、1999年の周辺事態法の成立や、それと関連してなされた地方分権改革に伴う港湾法の一部改正（47条2項）により、運輸大臣が港湾管理者（自治体の長）に対し、米艦船の入港拒否などの行為について（入港の不平等取扱の禁止を名目に）、運輸大臣の変更の要求があったときは、港湾管理者は必要な変更を行わなければならないことになった。そこでは、国の代執行までは容認されていないが、自治事務に対する国の関与（是正の要求）を容認したもので、自治体の権限に対し制約を課すことになっている。また、有事法制の一つである特定公共施設等利用法では、内閣総理大臣が港湾管理者に対し、港湾施設の特定者の優先的利用について指示し、国土交通大臣を指揮して利用の変更や取り消しなどを行わせることができることになっている（7～9条。法定受託事務に対する代執行）。もっとも、これらの条項や法律が現実に運用される場合には、平和憲法や港湾法などの理念に基づいて抵抗することができるといえよう。

　周辺事態法案が問題になった時期に、多くの地方議会から、新ガイドラインや周辺事態法案に対する反対要望書が提出されたように（澤野義一「自治体による『協力』」山内敏弘編『日米新ガイドラインと周辺事態法』法律文化社、1999年、158頁以下）、有事法制や国民保護法などに対しても、もっと多くの反対意見が出されてもよさそうであるが、現在は必ずしもそういう状況になっていない。その意味では、無防備地域条例制定運動などは、有事法制や国民保護法に反対する具体的な対案として注目に値しよう。

第3章 地方分権と有事法制化に伴う自治体・住民の戦争協力

　前章で検討したように、非戦・非武装主義の平和憲法と、その理念に基づく自治体の平和行政を保障する法律や条例が戦後制定され、それなりに実行されてきた歴史がある。しかし、1990年代以降、それを形骸化し、否定する動きが顕著になっている。その一つは、地方分権改革の一環としてなされた「地方分権一括法」の関連においてである。もう一つは、有事法制の関連においてである。前者は、有事法制と関係ないように思われるかもしれないが、以下に述べる、軍事立法に限定されない、広義の意味での有事法制化を考慮して制定されていることに留意しておく必要がある。

1. 有事法制化とは何か

　直接的であれ間接的であれ、国民に対して戦争協力を求める法律は、広義の有事法制（戦時動員法、危機管理法）ということもできる。自衛隊法、日米安保条約、日米地位協定、周辺事態法、イラク特別措置法、有事３法・有事関連７法（いわゆる有事法制）などは、軍事や戦争の有事に直接関連するので、固有（狭義）の意味での有事立法・有事法制である。しかし、盗聴法（通信傍受法）、改正住民基本台帳法、国旗国歌法、教育基本法改正案などの市民的自由規制法も、有事に際し、あるいは有事に備え、国民の危機管理や動員のために使われないとも限らない。アメリカでは、同時多発テロ事件を契機に制定された「愛国者法」は、アフガン戦争以降、市民を違法に盗聴したりする有事立法の機能を果たしている。日本でも、盗聴法や住民基本台帳法などの必要性を、国防や有事法制との関連で位置づける見解もみられる。ともかく、このような市民的自由規制法は、それ自体は固有の意味の有事立法ではないが、状況によって有事立法的に機能する恐れがある（「機能的有事立法」と称することができる）ので、広義の意味では有事法制ともいえる。

1997年の日米新ガイドライン（日米防衛協力の指針）を具体化した周辺事態法は、日本周辺有事の際、米軍の戦闘行動に対して自衛隊、自治体および民間人の協力・後方支援（法的強制力のない義務）を要請するために、1999年5月に制定されたが、同法の成立に引き続いて、同年に、盗聴法や国旗国歌法が制定されたこと、憲法9条などの改悪を準備するための憲法調査会を国会で設置する国会法改正がなされたこと、有事3法等のいわゆる有事法制も日米新ガイドラインや周辺事態法制定との関連で検討され、成立に至った経緯などをみると、固有の意味の有事立法と機能的有事立法とが、密接に関連して制定されてきている状況がある。

　また、地方に対する国の強い関与が可能な地方自治関連法（地方分権一括法）の条項も、有事立法的に機能する恐れがある。というのは、周辺事態法成立2カ月後の7月に地方分権一括法が成立したことから、地方分権一括法の中には、とくに平和・安全保障行政に関し国が関与できる余地が拡大したと考えられる法律の条項がみられるからである。それは、地方分権の名目と異なる新中央集権（国家主義）的な側面である。この点については、以下で検討する。

2. 地方分権改革法における自治体の戦争協力

　地方分権改革は1990年代において本格的に検討され、地方分権推進委員会勧告（1996年以降）や地方分権推進計画などを経て、1999年7月、地方分権の推進を図るための関係法律の整備を行う「地方分権一括法」の制定によって一応目的を達成した。同法によって、地方自治法をはじめ、自治体関連475本の法律が一括して改正されることになった。

　同法制定の建前は、戦前の中央集権的行政の名残である機関委任事務を廃止し（自治体の事務を自治事務、法定受託事務、国の直接執行事務［この割合は少ない］に区分。法定受託事務も自治体の事務ではあるが、国［都道府県］の本来的役割にかかわる事務を指す。それ以外のものが自治事務である）、地方分権を推進するということであるが、上述したように、地方に対する国の新たな関与の仕組みを導入した点に留意する必要がある。

　地方に対して国は、法定受託事務については「是正の指示」や「代執行」などにより関与できるが、自治事務については「代執行」は認めるべきではなく、

「是正の要求」にとどめるべきものと解されている。しかし、自治事務に対して、例外的に、国が自治体に通知して直接執行できる規定が設けられている（地方自治法250条の6の並行権限）。これは、代執行の手続き（裁判）抜きに行われることが可能になっている。なお、有事法制に関する事務は法律上法定受託事務とされているが、この場合にも、裁判抜き代執行ができるものがある。地方自治法では、代執行は裁判によって行うことが原則になっている点からみると、裁判抜き代執行については合理性があるのか検討される必要がある（本書第6章参照）。それらとは別に、一定の行政については、法律改正により、従来認められていた地方の権限をなくし、「国の直接執行事務」にしたものもある。以下に、これらの具体例を上げておこう。

　まず、自治事務に対する国の直接執行権（並行権限）を個別法で導入したような規定としては次のものがあるが、いずれも、米軍の戦闘行為に対する自治体協力を規定している周辺事態法9条との関連で改正されたと考えられる法律である。改正建築基準法17条では、「国の利害に重大な関係がある建築物」（防衛関連施設が想定される）について、多数の者の生命や身体に重大な危害が発生する恐れがあるときは、建設大臣は自治体の長に対し必要な措置を指示でき、長が指示に従わない場合は、国が必要な措置を直接執行できることになっている。改正水道法40条2項では、給水事務に関して「国民の生命に重大な影響を与えるおそれがあるときは」、厚生大臣は当該事務（米艦船への給水などが想定される）を知事に指示でき、知事が指示に従わない場合は、厚生大臣が当該事務を直接執行することができることになっている。改正港湾法47条2項では、運輸大臣が港湾管理者（自治体の長）に対し、港湾施設の利用につき変更などを要求した場合、港湾管理者は必要な変更などを行わなければならないと規定されている。この規定は、国の直接執行に関しては明記していないが、自治体の外国艦船入港拒否などの行為に対して、国が事実上関与できる根拠となろう。これらの条項は、有事の際には、自治体独自の平和・安全保障行政を大幅に制約することになる。

　次に、地方の権限であったものが、法律改正で国の直接執行事務となった例として、改正米軍用地特別措置法がある。米軍用地の収用・使用に関する手続きについて、改正前の法律では、土地に関する代理署名、公告・縦覧、都道府県収用委員会による公開審理・裁決は機関委任事務ではあったが、知事・

自治体の関与権が認められていた。しかし、機関委任事務の廃止とともに、代理署名と公告・縦覧は国の直接執行事務とされたため、自治体の関与権がなくなった。収用委員会による公開審理と裁決権は、法定受託事務とし自治体に残されたが、防衛施設局長が緊急裁決を申し立てた場合に、委員会が2カ月以内に裁決結果を出さず、事件を内閣総理大臣に送致もしないときには、内閣総理大臣は自ら裁決を代行できることになっている。したがって、米軍用地の収用に関しては、かつては代理署名拒否をめぐり裁判で争うこともできたが（沖縄米軍用地代理署名拒否事件）、現行法下では、このような自治体の抵抗も困難になっているのである。

さらに、地方自治法の改正により、同法の基本目標であった「地方公共の秩序を維持し、住民及び滞在者の安全、健康及び福祉を保持する」という規定（2条3項1号）が削除され、「住民の福祉の増進を図る」（1条の2第1項）とか「住民の福祉の増進に努める」（2条14項）といった簡単な規定に改められたことなども、新自由主義と保守主義・国家主義（小さな政府と強い国家）の観点から、自治体の役割を福祉におき、防衛や平和に関する安全保障行政を地方から奪い、国に固有のものとする考えが読み取れないこともない。しかし、このような解釈については、上述したように、平和憲法の観点からは容認することはできない（第2章）。

3. 有事法制における自治体・住民の戦争協力

ここでいう有事法制とは、その基本となる武力攻撃事態法、改正自衛隊法、改正安全保障会議設置法の有事3法と、それをより具体的に整備した有事関連7法を指す。有事関連7法とは、米軍支援法、国民保護法、特定公共施設等利用法、外国軍用品等海上輸送規制法、国際人道法の重大な違反行為の処罰に関する法、捕虜等の取り扱いに関する法、自衛隊法の一部改正［ACSA（日米物品役務相互提供協定）改定に伴う国内法整備］である。以下において、有事法制における自治体・住民の戦争協力（要請）について概観、検討する。

(1) 武力攻撃事態法、改正自衛隊法の場合

有事法制の指針的な法律である武力攻撃事態法においては、武力攻撃事態

等（武力攻撃事態と武力攻撃予測事態）への対処措置（自衛隊等が中心に行う侵害排除と自治体が中心に行う国民保護）について、国の役割を中心に、対策本部長である首相が自治体や指定公共機関等と総合調整を行い、別の法律（特定公共施設等利用法等）によれば対処措置を指示でき、当該措置が実施されない場合には、首相は当該長に対して直接に、あるいは関係大臣を指揮して措置を実施させることができることが定められている。ここには、自治体の法定受託事務に対する国の指示（あるいは指示の是正）と裁判抜き代執行の仕組みが導入されている。自治体等については、国等と協力しながら必要な対処措置をとるべき責務が、住民については、国や自治体等の実施する対処措置に対して必要な協力をするよう努めるべきことが定められている。その限りでは、武力攻撃事態法では、住民の協力に関しては法的拘束力がないようにみえる。

　しかし、他の個別の法律では、住民の協力のうち法的拘束力が伴う事項もあることに留意する必要がある。改正自衛隊法（103条の２）では、武力攻撃事態等に際し自衛隊の行動に必要な場合には、防衛庁長官等の要請に基づき、知事が政令に基づいて公用令書を交付すれば、住民の土地・家屋・物資の使用、物資の保管または収用、業務（医療・輸送・土木）従事、立木等の移転・処分、家屋の形状変更などを命ずることができる。物資の保管命令などに違反した場合には、処罰されることもある。同様のことは、国民保護法や米軍支援法等においても規定されている。

(2)　国民保護法の場合

　国民保護法は、国民保護の観点から、自治体と住民の戦争協力の内容を詳細に規定している。国民保護法によれば、国が行う警報の発令・避難措置の指示・救援の指示・武力攻撃災害への対処措置に関する指示などに従い、都道府県は、住民への避難指示・避難住民の救援・武力攻撃災害の軽減・自衛隊の派遣要請などを行う。市町村はさらに身近な措置として、住民に対する警報の伝達・避難実施要領の策定・救援の実施・退避の指示・武力攻撃災害の復旧措置などを行う。

　住民の立場からみると、上記のような対処措置は自治体が住民に強制してはならず、住民への協力要請は、住民の自発的意思に委ねられるものとされて

いる（4条）。基本的人権尊重主義との観点からは、住民の権利が制限される場合でも、必要最小限に限られ、適正手続きの権利、平等権、思想良心・表現の自由を侵害してはならないと明記されている（5条）。このような国民保護法の基本原則からすれば、確かに、住民の避難訓練への参加（42条）、避難住民の誘導への協力（70条）、救援への協力（80条）、消火・負傷者の搬送への協力（115条）などは、法的強制を受けるものとはされていない。しかし、避難住民等のための収容・医療施設を設置する際の土地・家屋等の使用（82条）、生産・販売・輸送等の業者に対し救援に必要な物資（医薬品・食品等）の収用や保管命令（81条）は法的強制力が伴う。また、物資保管命令に従わない場合には刑罰が科される（189条）。なお、大規模な武力攻撃災害が発生した場合に、知事が医療関係者に対して医療の実施を要請・指示できることになっているが（85条）、土地の収用等と異なり、罰則による強制はない。

　以上のような住民に課せられる負担は、戦争に巻き込まれた場合を想定して、住民のためになるものだから、権利制限を受けても仕方がないと考えられるかもしない。しかし、日本が現実的に武力攻撃を受けることがほとんどありえないにもかかわらず、平時から、有事に備えた避難訓練等に住民を事実上参加させ、国防意識を徐々に植え付けことになる。そういう意味では、国民保護法は、前提にある武力攻撃事態法とセットで考えると、戦争動員法であるということもできよう。

⑶　自治体の国民保護計画の作成等の場合

　国民保護法は、武力攻撃事態等に備え、国が国民保護のための措置の実施に関する基本方針をあらかじめ定め、自治体に対し、当該方針に基づき措置を推進させるための国民保護協議会を条例によって設置し、国民保護計画をつくることを要請している（32〜36条。都道府県は2005年度中、市町村は2006年度中）。国民保護協議会は自衛隊員、教育長、消防長、自治体職員、指定公共機関の役員、有識者などが委員となることができることになっている。しかし、委員の任命権は知事・市町村長にあり、例えば自衛隊員等を必ずしも加えなければならないということではない（37〜40条）。また、国民保護計画にしろ、国民保護協議会にしろ、自治体がつくらなかった場合、国が知事に対し、知事が市長等に対し、つくることを強制できるかの問題がある。この点について、国

民保護法は何も規定していないが、国民保護計画の作成等が法定受託事務だから、地方自治法の「是正の指示」（245条の7）、さらには「代執行」（245条の8）も可能だという政府的な解釈もある（礒崎陽輔『国民保護法の読み方』時事通信社、2004年、96～97頁、100頁）。しかし、法定受託事務が当然に「是正の指示」や「代執行」の対象となるわけではない。地方自治法では、法定受託事務が「是正の指示」等の対象となるのは「法令の規定に違反している」とか、「著しく適正を欠き、かつ、明らかに公益を害している」と認められるときであって（245条の7）、そうでなければ、法定受託事務であっても「是正の指示」等の対象とはならない。住民の安全確保にとっては、自治体が武力攻撃事態法等とセットで、住民を戦争動員するような国民保護計画の作成等を必要としないという判断もありうる。「是正の指示」に従わないことの方が、平和憲法の理念、緊急性、現実的合理性の観点からは、むしろ「適性」であり、「公益」に適うとの解釈も成り立つ。法定受託事務の「是正の指示」等、自治体に対する国の関与については、法定主義と必要最小限度の基準に従うべきであること、また当該事務に関する自治体の法令解釈権が尊重されなければならないという通説によれば、上記の政府的な解釈は疑問である（法定受託事務に関する有事法制と地方自治法の関係については、さらに第6章4.参照）。

　他方、不幸にして戦争に巻き込まれた場合を想定して、国民保護計画を作成するとすれば、自治体は、その独自の内容として、無防備地域宣言を取り入れるべきである。無防備地域は戦争に協力しないがゆえに、武力攻撃を受けにくい避難地域であるから、住民の避難誘導等を定める国民保護法や国民保護計画と矛盾しない。もちろん、その場合には、自治体が国の軍事的な協力をすることになる武力攻撃事態法や米軍支援法などには従わないことが条件となる。武力攻撃事態法とセットでなく、無防備地域条例とセットで国民保護法・国民保護計画を考えるということである。このような国民保護計画に対しては、国は「是正の指示」をすべきではない。ここに、無防備地域条例制定運動の意義が出てくる。本当の意味での国民保護計画は、無防備地域条例をつくり、無防備地域の条件整備を検討していくことである。

　なお、この点に関連する西宮市当局の見解（2005年7月12日、市議会・総務常任委員会審議）について批判しておきたい。西宮市当局は、政府の機能がなくなっているような困難な状況のもとでは、自治体が国民保護計画の中に

無防備地域宣言を盛り込むことも考えられるという趣旨の答弁をしている。これは、大阪市当局などの場合と異なり、自治体も無防備地域宣言を出しうることもありうることを認めた点で、市民側の従来からの主張が受け入れられたといえなくもない。しかし、西宮市当局の答弁は、「武力攻撃事態法により、その方針を国が策定する中で」とか、「軍との合意がなければならない」という条件のもとでのみ、無防備地域宣言の可能性を認めるにすぎず、結論的には、自治体が独自に無防備地域宣言をしたり、当該条例制定をすることを否認しているのである（藤沢市当局からも、同趣旨の答弁がなされている）。

⑷　米軍支援法と特定公共施設等利用法の場合

　武力攻撃事態法や国民保護法以外の有事法制の中にも、自治体・住民への戦争協力を要請しているものがある。米軍支援法と特定公共施設等利用法である。

　まず、米軍支援法についてであるが、それは、武力攻撃事態等において、日米安保条約に従って、武力攻撃を排除する際に米軍の行動が円滑かつ効果的に実施できるために必要な措置を日本政府が保障するものである（1条）。このような目的で、自治体や事業者は政府から必要な措置をとるよう協力要請されたときは、要請に応ずるよう努めなければならないとされている（5条）。この規定からすると、米軍協力は一般的には法的強制力がなく任意であるようにみえる。しかし、一定の協力は法的強制力を伴うものとされているのである。すなわち、米軍の軍事行動に土地・家屋の使用が必要な場合は、総理大臣は、当該土地等を米軍に使用させることができるとされている（15条1項）。当該法律では土地等の所有者は明記されていないが、自治体や事業者だけでなく住民も対象にされているものと考えられる。さらに、土地の使用に関連して立木等の移転や処分、家屋の使用に関連して家屋の形状変更ができる（15条2〜4項）。また、土地等への立ち入り検査を拒否・妨害した者（法人も含む）は処罰されることになっている（17条）。これは、上述の改正自衛隊法の規定と同様のもので問題がある。

　次に、特定公共施設等利用法についてであるが、それは、武力攻撃事態等において、米軍や自衛隊による港湾、空港、道路、海域・空域、電波の利用に関し、的確かつ迅速に実施できる措置を図ることを目的としている（1条）。当

該実施措置が必要な場合には、対策本部長（国務大臣）が例えば港湾施設の管理者（自治体の長等）に対し、港湾施設の優先的利用を要請できる（7条）。もしこの要請が実施されないときは、総理大臣は、対策本部長の求めに応じ、港湾管理者に対し所要の利用を確保すべきことを指示できる。さらに、指示に従った措置がとられないときは、総理大臣は国土交通大臣を指揮し、港湾管理者に対し、港湾施設利用に関する処分や、処分の変更もしくは取り消し、船舶の移動などを命ずることができる（9条）。ここには、法定受託事務に関する指示・代執行が容認されているが、この法律の代執行については、地方自治法の代執行と異なり、裁判抜き代執行となっており、疑問がある。

⑸　小括

　以上、地方分権と有事法制化に伴う自治体・住民への戦争協力体制づくりの動向を概観したが、それらは、戦後平和憲法下で蓄積されてきた自治体の平和行政や、それを保障する立法（第2章参照）を否定することになる。もちろん、無防備地域条例制定の障害ともなる。自治体・住民に戦争協力を求めるような法律と平和憲法との整合性をなんら問題としないで、違憲の濃厚な法律の範囲内でのみ、政府見解に従い、自治体の条例や行政運営を行うのは疑問である。非戦・非武装の平和憲法と住民自治の理念からは、政府や軍当局の合意がなくとも、原則的には自治体が自治事務として、無防備地域宣言を独自に行えると考えるべきである。政府や軍当局が自治体の無防備地域宣言や条例制定の具体化に干渉することになれば、それは、自治体の権限（自己決定権）を侵害する違憲の行為となろう。

第4章 ジュネーヴ条約における住民・民用物・特別地帯の保護

　本章では、自治体による平和行政や無防備地域宣言の意義が、国内法である非戦・非武装主義の平和憲法からだけでなく、国際法の側面からも根拠づけられることについて、ジュネーヴ条約を素材に検討する。

1. ジュネーヴ条約の目的

　国連憲章は国際社会における戦争違法化の歴史を踏まえ、各国が武力行使することを禁止している。しかし、それにもかかわらず、現実の国際社会では武力紛争が発生し、多数の犠牲者が生ずることから、武力紛争における犠牲者保護に関する国際法規（国際人道法）が整備されてきた。第二次世界大戦後の国際人道法に関するジュネーヴ条約には、1949年のジュネーヴ4条約（第1は陸戦の傷者等の状態改善条約、第2は海戦の傷者等の状態改善条約、第3は捕虜待遇条約、第4は文民保護条約）と、それを補充した1977年のジュネーヴ条約追加第1・第2議定書（第1議定書は国際武力紛争、第2議定書は内戦に適用。なお、条約集ではジュネーヴ諸条約と訳されているが、本書ではジュネーヴ条約と簡略化）がある。それは、戦闘の方法や手段を法的に規制することを通じて、住民、戦闘員・捕虜、民用物（非軍用施設）、自然環境、特別地帯、無防備地域などを保護している。この点について、戦闘方法や手段に関する基本原則をかかげる第1追加議定書第35条は、「いかなる武力紛争においても、紛争当事国（者）が戦闘の方法及び手段を選ぶ権利は、無制限ではない」、「過度の傷害又は無用の苦痛を与える兵器、投射物及び物質並びに戦闘の方法を用いることは、禁止する」、「自然環境に対して広範、長期的かつ深刻な損害を与える……戦闘の方法及び手段を用いることは、禁止する」と規定している。

　以下では、主にジュネーヴ条約第1追加議定書における住民と地域の保護

について概観する。

2. 住民の保護

⑴　まず、住民ないし文民（条約では「文民たる住民」の表現も使用）の保護についてであるが、基本原則は、住民と戦闘員（軍隊の構成員）を区別したうえで（48条）、敵対行為に直接参加していない限り、住民は攻撃（軍事行動）ないし暴力行為の対象としてはならないこと、また、攻撃対象になりうる特定軍事目標（軍事施設など）と住民とを区別なしに攻撃する「無差別攻撃」を禁止している（51条）。

⑵　攻撃を計画し、実施する際には、住民（民用物も含む）に対し、損害を与えないように予防措置をとることが求められている。例えば、攻撃目標が住民でないかどうかを確認すること、攻撃の方法等が住民の死傷を防止したり、最小限にとどめるのに可能な予防措置をとること、住民に影響を及ぼす攻撃は状況の許す限り、事前の警告を与えることなどである（57条）。他方、攻撃される側の紛争当事国については、可能な限り最大限、次のような予防措置をとることが求められている。自国の支配下にある住民（民用物も含む）を軍事目標の近傍から移動させること、人口が集中する地域またはその付近に軍事目標を設置することを防止すること、軍事行動から生ずる危険から住民を保護するための必要なその他の予防措置をとることである（58条）。

⑶　敵対行為や災害の危険から住民を保護する人道的任務（警報、立退き、避難所の管理、救助、消防など）を遂行する「市民防衛（civil defence）団体」（紛争当事国の権限ある当局により認められた組織。条約集では「民間防衛団体」と訳されているものもあるが、それは軍事的な任務も果たすようなイメージもあるので、「市民防衛団体」と表現しておく。政府公定訳は、国民保護法との関連性を考慮したためか「文民保護組織」）のうち、文民の市民防衛団体やその要員は、市民防衛任務を遂行する権利を有し、敵に有害な行為を行わない限り、占領地域においても任務遂行を妨げられない。なお、軍の要員が市民防衛任務のために文民の市民防衛団体に配属されていること、文民の民間防衛団体要員が秩序維持や自衛のために軽量の個人用武器を携行することなどは、必ずしも敵に有害な行為とはみなされない（61～67条）。

⑷　占領地域の住民に対し、占領国は食糧や医療品のほか、生存に不可欠な被服、寝具、その他宗教上の礼拝に必要な物などを供給する義務がある（69条）。

3.　民用物の保護

⑴　民用物は、軍事目標（性質、位置、用途、使用が軍事活動に効果的に貢献し、その破壊などが明確な軍事的利益をもたらす物）以外のすべての物を指すが、軍事目標と識別され、軍事行動ないし攻撃の対象とすることは禁止されている（48、52条）。具体的には、以下のような対象物が保護される。

⑵　まず、国民の文化的または精神的遺産を構成する歴史的建築物、芸術品、礼拝所は、軍事の支援のために敵対利用しない限り保護される（53条）。文化財などの保護については、すでに特別な「武力紛争の際の文化財保護条約」（1954年）がつくられており、締約国になると、平時に、当該条約の遵守を確保する規定を軍事上の規則に入れ、その任務を遂行する機関を武装部隊の中に設置しなければならない。また、「特別保護文化財国際登録簿」に登録された文化財については、締約国から不可侵の保護を受ける。締約国は、当該条約の学習を、平時から、武装部隊のみならず文民の教育に取り入れることになっている。このように重要な1954年の文化財保護条約について、奈良や京都などの古都において世界遺産をもつ日本の政府は、いまだ締結していないのは問題である。その理由としては、特別保護文化財と軍事施設を妥当な距離にまで離すことが困難なこと、有事立法との関連問題があること、アメリカが同条約を批准していないことなどが指摘されている。

　さらに、冷戦後の新たな国際紛争を踏まえて、当該条約を実行しやすくするとともに、文化財保護の法的強化をはかるために検討されてきた同条約の「第２追加議定書」（1999年採択）が、2004年にコスタリカが20番目の締約国となったことで発効した。この議定書では、攻撃する側が攻撃方法として文化財の被害が生じないようにする予防措置、あるいは紛争当事者が軍事目標の近辺から移動可能な文化財を取り除くとか、文化財の近くに軍事目標を設置しないといった予防措置をとることが義務づけられている（７～８条）。また、人類にとってもっとも重要な文化的遺産であり、国内の法律および行政上の適切な

措置によって保護され、特別の文化的および歴史的価値の認証とともに、最高レベルの保護が与えられている文化財については、軍事的に利用されない限り、紛争当事国から強化された保護の下に置かれる(10条)。そして、1954年の条約および1999年の同議定書で保護される文化財を攻撃することは違法であり、刑事責任が問われる(15条以下)。

　このように重要な条約を政府が批准しないのであれば、市民の方から、世界遺産などをもつ都市の無防備地域条例(案)の中に、同条約の理念を踏まえた文化財保護についての規定を入れることによって、政府に同条約の批准を促すことも課題となろう(とくに京都市の条例案を参照)。

(3)　第2に、住民の生存に不可欠なものが保護の対象とされる。住民を餓死させてはならないということを前提に、食糧生産のための農業地域、作物・飲料水等の供給設備などは、敵対的に利用されない限り、攻撃、破壊することが禁止される(54条)。

(4)　第3に、自然環境の保護に関し、広範な、長期的かつ深刻な損害を与える戦闘の方法や手段、あるいは住民の健康や生存を害することを目的としたり、害することが予想される戦闘の方法や手段も禁止される(55条)。この条項は、それを補充した1978年の「環境改変技術の軍事的使用その他の敵対的使用の禁止に関する条約」とともに、ベトナム戦争におけるアメリカの非人道的な兵器使用や戦闘方法を規制することを念頭に、地球環境保全を人類の生存にかかわる基本的人権として把握し、地球環境保全と平和の維持が不可分であることを確認した「ストックホルム人間環境宣言」(1972年)の影響を受けたものである。

(5)　第4に、ダム、堤防、原子力発電所のような、危険な威力を内蔵する工作物や施設は、軍事目標である場合にも、特別の例外(軍事行動への支援を終了させる唯一可能な方法である場合)を除き、住民に重大な損失をもたらす場合には攻撃対象としてはならない(56条)。

4.　特別地帯・地域の保護

　住民や民用物だけでなく、特定の地帯ないし地域も武力紛争時において安全を保護される。

⑴　病院および安全地帯の保護。1949年のジュネーヴ条約（第1条約の23条、第4条約の14条）では、締約国は平時から、紛争当事国は敵対行為開始以降、傷者、病者、児童、妊産婦などを戦争の影響から保護するための病院および安全地帯・地区を設定することができる。

⑵　中立地帯の保護。戦闘地域内において、傷者および病者（戦闘員と非戦闘員を問わない）、あるいは、敵対行為に参加せず、軍事的性質を有する仕事にも従事していない文民を、戦争の危険から避難させるための地帯が中立地帯である。紛争当事国は、直接にまたは中立国もしくは人道団体を通じて、敵国と中立地帯に関する協定を締結できる（ジュネーヴ第4条約の15条）。

⑶　非武装地帯の保護。紛争当事国による軍事行動の拡大（軍事目的で利用すること）が禁止される地帯が、非武装地帯である。ジュネーヴ条約第1追加議定書第60条によれば、平時にも敵対行為開始時にも、できる限り明確に非武装地帯の境界（標識）を定め、当事国の合意により設定されるものであるから、いずれの当事国も一方的に設定を取り消すことはできない。非武装地帯とは、(a)すべての戦闘員が撤退しており、ならびにすべての移動可能な兵器および軍用設備が撤去されていること、(b)固定された軍用施設の敵対的な使用が行われないこと、(c)当局または住民により敵対行為が行われないこと、(d)軍事上の努力に関連する活動が終了していること、という四条件をすべて満たす必要がある。

⑷　無防備地域の保護。ジュネーヴ条約第1追加議定書第59条によれば、紛争当事国が手段のいかんを問わず攻撃することが禁止される地域が、無防備地域である。非武装地帯と異なり、軍事行動の拡大や占領が必ずしも禁止されるわけではないが、武力攻撃が禁止される点に特色がある。紛争当事国の軍隊が接触しているような地帯などにある居住地で、次の四条件をすべて満たすものが無防備地域である。三つの条件は非武装地帯の(a)(b)(c)の条件と全く同じであるが、第四の条件(d)が若干異なり、「軍事行動を支援する活動が行われていないこと」が条件となっている。無防備地域は、紛争当事国の合意によって設定することもできるが、この場合は非武装地帯の設定に類似することになる。しかし、非武装地帯と異なるのは、無防備地域は紛争当事国だけでなく、その適当な当局（地方自治体など）も、無防備地域の条件を満たす限り、相手当事国に対して一方的に通告できる点にある。無防備地域の設定・宣言の時

期については、戦時に行うことが想定されていることは当然のこととして、非武装地帯と異なり、条文では平時に行うことができるかどうかは明記されていない。確かに、平時には、無防備地域宣言をすべき紛争当事国が特定できないから、このような場合については、あえて言及していないと考えることもできる。しかし、その点でいえば、安全地帯や非武装地帯の設定についても同様のことが指摘できるのに、これらの場合には、平時から、当該地帯を設定できるとしているのである。そうすると、無防備地域の場合にも、平時から、無防備地域の設定・宣言をすることは、法解釈上問題がないと解される。

なお、無防備地域宣言に関しては、次章以下でさらに詳しく論ずることにしたい。

5. ジュネーヴ条約の実効性確保

以上に概観したジュネーヴ条約（1949年条約および1977年の追加議定書）で保護される住民、民用物、特別地帯、無防備地域などに対する攻撃は、第1追加議定書によれば、条約の重大な違反行為であり、戦争犯罪になる（85条）。戦争犯罪については、それを裁く国際刑事裁判所が近年設立されたこと（2002年に当裁判所規程発効）により、ジュネーヴ条約の実効性が高まったといえよう。ジュネーヴ条約の実効性確保の前提として、締約国および紛争当事国は、第1追加議定書によれば、条約上の義務を実施するため、まず、遅滞なくすべての必要な措置をとり（80条）、条約の違反行為を阻止するために必要な措置をとらなければならない（86条）。また、締約国は、武力紛争が生じているかどうかを問わず、できる限り広い範囲において、条約の周知を図ること、とくに軍隊および文民である住民に周知させるため、軍隊の教育の課目にその学習を取り入れ、文民である住民にその学習を奨励しなければならない。とりわけ、武力紛争の際に条約の適用に責任を負う軍当局または文民当局は、条約を熟知していなければならない（83条）。条約の周知義務については、1949年の条約においても定められていた（第1条約の47条、第4条約の144条など）。また、1949年の条約では、締約国は、重大な条約違反行為を行った者やそれを命じた者を罰する必要な立法を制定しなければならないことになっている（第1条約の49条、第4条約の146条など）。

6. ジュネーヴ条約の批准と日本政府の課題

　1949年のジュネーヴ４条約については、日本はサンフランシスコ講和条約により主権を回復して間もなくの1953年に加入したが、同条約の国内法的措置はほとんど行ってこなかった。その背景には、ジュネーヴ条約が戦時に関する法規であり、有事立法にも関連するため、交戦権を放棄する非戦・非武装主義の平和憲法のもとでは、同条約の研究や具体化は、表面的には緊急のテーマとなりにくい状況があったといえる。また、1977年のジュネーヴ条約追加議定書が国際社会で署名（翌年発効）されてからも、市民の中から同議定書の批准要請があったにもかかわらず、やはり最近まで、政府は批准してこなかった。その理由として考えられるのは、有事法制を国会で成立させる状況が依然としてなかったこと、アメリカなども批准していないこと（日本が批准する前には、第１追加議定書は世界の約84％の161カ国が、第２追加議定書は世界の約81％の156カ国が締結している。イギリスは1998年、フランスは2001年に締結）、平和憲法擁護派からも議定書に対する強い批准要請がなかったことが考えられる。

　しかし、有事法制の成立の見通しが出てくると、ジュネーヴ条約追加議定書の批准論も出てくることになり、2004年６月の有事関連７法の成立と同時に、同議定書を批准することが決定された。というのは、有事関連法のうちの、国際人道法の重大な違反行為の処罰に関する法、捕虜等の取り扱いに関する法、国民保護法などは、自衛隊が交戦権行使にかかわる軍事行動をすることを前提にしているからである。

　このような形でジュネーヴ条約を具体化するのであれば、それは非戦の平和憲法からみて違憲であり、問題である。とはいえ、日本が戦争に巻き込まれることを想定した場合に備えて、ジュネーヴ条約の人道法的要素を具体化することは、違憲ではなく、むしろ住民の平和的生存権の保障につながる。例えば、平時から、軍事攻撃を回避するために、人口集中地域の付近に軍事目標を設置することを防止するといった予防措置をとること、安全・中立・非武装地帯や無防備地域を設置することなどである。しかし、残念ながら、これらの措置を具体化することについては、日本政府は消極的ないし否定的である。

なお、ジュネーヴ条約第1追加議定書の定める「市民防衛団体」については、軍事的活動を行うものではないが、戦時を想定した救助・消防活動を行うことになるため、無防備地域宣言をしようという立場からすれば、当該団体を創設する必要はないであろう。むしろ、「市民防衛団体」は、有事に際し（国民保護法の運用の仕方によっては）、諸外国や戦前日本の「民間防衛」組織のように、国および国に協力する自治体の戦争動員システムに組み込まれていく恐れがある（第6章の5.・6.も参照）。

第5章 無防備地域の国際法（ジュネーヴ条約）的保護

1. 国際法における無防備地域保護の由来

　1977年のジュネーヴ条約第1追加議定書第59条における「無防備地域」（non defended locality）の国際法的保護の考え方や特色を知るためには、その前身となる「無防守都市」(undefended towns)［開放都市（open towns）ともいわれる］について言及しておくことが有益と思われる。

　ヨーロッパの都市では、城壁をめぐらし敵の侵入を防いできたため、「城壁をめぐらした都市」や「防守された都市」に対する攻撃は許されるが、「無防守都市」に対する攻撃は違法とされてきた。そのことは、1874年のブリュッセル宣言において、「開放されており、防守されていない都市は、攻撃も砲撃もしてはならない」という表現で規定されている。また、1907年のハーグ陸戦法規（条約付属書）第25条では、「防守セサル都市、村落、住宅又ハ建物ハ、如何ナル手段ニ依ルモ、之ヲ攻撃又ハ砲撃スルコトヲ得ス」と規定されている（同陸戦法規が最初に作成された1899年の段階では、「如何ナル手段ニ依ルモ」の文言がなかった）。同年のハーグ戦時海軍砲撃条約でも、無防守の港・都市などを海軍力によって砲撃することが禁止されている（1条）。空戦に関しては、規制する条約が成立していなかったが、同様のルールが妥当すると考えられていた。

　なお、「無防守地域」は、占領に対して抵抗しない（抵抗する意思がない）地域のことで、守備隊や軍事施設が存在するかどうかは直接関係がない。ただし、「無防守地域」とはいえ、当該地域にある軍事上重要な施設（軍事目標）に対しては、武力攻撃が例外的に認められていた（軍事目標がなければ攻撃されない）。それに比べ、「防守地域」の場合は、軍事目標と非軍事目標を区別せず（歴史的記念物や病院などは別）に無差別攻撃も可能とされたが、「無防守地域」に対しては、無差別攻撃は認められなかった。第二次世界大戦では、この

ルールは必ずしも守られなかったが、戦後、そのルールの意義は、広島・長崎に対するアメリカの原爆投下が無防守都市への無差別爆撃に当たり違法であるとされた「原爆判決」(東京地裁1963年)で再確認されている。

当該判決の関連する個所を以下に引用しておこう。

「一般に承認されている慣習法によれば、陸軍による砲撃については防守都市と無防守都市とを区別し、また海軍砲撃については防守地域と無防守地域とを区別している。そして、防守都市、防守地域に対しては無差別砲撃が許されているが、無防守都市(地域)においては、戦闘員および軍事施設(軍事目標)に対してのみ砲撃が許され、非戦闘員および非軍事施設に対する砲撃は許されず、これに反すれば当然違法な戦闘行為となるとされている。」空戦に関しても、「無防守都市に対する無差別爆撃の禁止、軍事目標の原則は、慣習国際法であるといって妨げないであろう」。

「一般に、防守都市とは地上兵力による占領の企図に対し抵抗しつつある都市をいうのであって」、「当時広島および長崎が地上兵力による占領の企図にたいして抵抗していた都市でないことは、公知の事実である。従って、原爆による爆撃が仮に軍事目標のみを攻撃の目的としたとしても、その巨大な破壊力から盲目爆撃と同様な結果を生ずるものである以上、無防守都市に対する無差別爆撃として、当時の国際法からみて、違法な戦闘行為と解するのが相当である」(田畑茂二郎・太寿堂鼎編『ケースブック国際法［新版］』有信堂、1988年、346頁)。

無防守地域保護の歴史的経過を踏まえたうえで、「無防守地域」宣言を行った事例について言及しておきたい。上記のハーグ条約においては、軍事目標への武力攻撃が例外的に認められており、無防守地域の保護も敵軍任せであったため、第二次世界大戦中のブリュッセルやマニラなどのように、「無防守地域」宣言をしても、戦禍を免れなかった地域もあったが、ローマやパリのように、「無防守地域」宣言をすることで、連合国軍やドイツ軍による砲撃を基本的に免れた例もある。ローマについては、イタリアの各地が連合国軍の爆撃を受けていた(ローマも当初爆撃を受けた)状況下で、1943年8月14日、首都の破壊を免れるため、イタリア政府がローマを無防守都市にすることを宣言し、連合国軍に提案したことで、連合国軍の爆撃が事実上回避された。ただし、当時ローマにはナチス・ドイツ軍が依然として駐留していたことなどから、連合国

軍は、無防守都市宣言の受諾を拒否している。パリの事例については、ドイツ軍の砲撃からパリの破壊を免れるため、フランスの総司令官は、パリからフランス軍を撤退させ、1940年6月12日、無防守都市宣言を行った（ただし翌日にはドイツ軍がパリに無血入城）。

なお、太平洋戦争中の沖縄全体では、軍と住民が一体となっていたことが米軍の攻撃対象となり悲惨な結果を生んだが、学校長が日本軍に島からの撤退を求めた沖縄の前島では、日本軍がいないことを確認した米軍が攻撃しなかった例がある。これは、「無防守地域」宣言をしたわけではないが、同宣言と類似の結果を生んだ事例として注目される。

ところで、1977年のジュネーヴ条約第1追加議定書の「無防備地域」は、その四要件が満たされている限り、紛争当事国により受領されること、また当該要件が満たされていなくとも紛争当事国の合意によって承認される点で、従来の「無防守地域」と異なり、保護が強化されている。それは、戦争違法化（1928年の不戦条約や1945年の国連憲章）ならびに国際人道法の精神（兵士に対する一般住民の戦争死亡者の割合が、第一次世界大戦では5％、第二次世界大戦では48％、朝鮮戦争では86％、ベトナム戦争では95％に増大したことなどを考慮して、戦時においても住民の人道保護を重視する考え方）を踏まえ、当該ジュネーヴ条約追加議定書において、無差別攻撃の禁止や軍事目標主義の徹底（軍事目標を厳格に限定）により、文民である住民保護の強化がはかられたこと（51～52条）と関係している。

もちろん、この追加議定書に基づき無防備地域宣言をした事例はまだないので、その実効性は定かではないが、第二次世界大戦中の無防備地域宣言が尊重されなかった事例をもち出して、無防備地域宣言の意義を否定することは適切ではない。なぜならば、ハーグ陸戦法規と追加議定書の無防備地域は、上述のように、その実効性保障の点で質的に変化しており、同列に論ずることはできないからである。

2. 無防備地域（宣言）の概要

ジュネーヴ条約第1追加議定書第59条で保障される「無防備地域」の要件（条件）と宣言方法（手続き）について、以下概観する。

⑴　まず、「無防備地域」とは、議定書第59条２項によれば、軍隊が接触している地帯の付近またはその中にある居住地で、敵対する紛争当事国による占領に対して開放される地域である。そして、次のすべての条件、すなわち、(a)すべての戦闘員が撤退しており、ならびにすべての移動可能な兵器および軍用設備が撤去されていること、(b)固定された軍用施設の敵対的な使用が行われないこと、(c)当局または住民により敵対行為が行われないこと、(d)軍事行動を支援する活動が行われないこと、という四つの条件を満たしている地域を指す。

　要するに、戦時において敵軍が占領目的で迫ってきても、占領を排除するために、軍隊を配置したり、軍用施設を敵対的に使用したりせず、軍事的に抵抗しないこと、そして紛争当事国に対して中立的な立場をとるのが、無防備地域である。このような地域であれば、敵軍は、武力攻撃して占領する必要はないから、第59条１項では、紛争当事国は「無防備地域を攻撃することは、手段のいかんを問わず、禁止する」と規定されている。また、無防備地域を軍事攻撃すれば、戦争犯罪として裁かれることになる（85条３項(d)）。これと同様、国際刑事裁判所規程（1998年採択、2002年発効）においても、「手段のいかんを問わず、無防備で、かつ、軍事目標となっていない都市、村落、居住地または建物に対する攻撃または爆撃」が戦争犯罪に該当することが明記されている（５条、８条第２項ｂのⅤ）。

　なお、占領しようとする敵国は、無防備地域の状態を尊重する場合には、敵国自身の軍隊を無防備地域に導入すべきではなく、非軍事的な統治にとどめるべきものとされている（1987年赤十字国際委員会［ICRC］発行のcommentary［以下、注釈書と略記］、paragraph.2296。日本語訳は、本書巻末参考文献の池上洋通・澤野義一・前田朗編『無防備地域宣言で憲法９条のまちをつくる』自治体研究社、2006年の資料を参照）。

⑵　上記の四つの条件に関連して、次のような場合は、無防備地域の条件に反し、無防備地域の地位を失うことになる。無防備地域内の工場で武器・弾薬などの軍用品の生産を容認したり、無防備地域内の道路・鉄道を戦闘員や軍用品の輸送通過のために使用させる場合である（注釈書para.2270-2272）。当局や住民が占領軍に対して武器をもって抵抗することも、無防備地域の条件に抵触（(c)でいう敵対行為に該当）すると思われる。しかし、この場合、占領軍

や占領目的で接近する敵軍に対して、非暴力的に対処することは許されるであろう（本書第6章参照）。また、紛争当事国の航空機が無防備地域の上空を飛行することに関しては、特別な規定がない限り、無防備地域の地位に抵触しないと考えられている（注釈書para.2275）。さらに、無防備地域においては、軍隊をおくことはできないが、法と秩序の維持のみを目的として保持される警察が存在することは、無防備地域の条件に反しない（59条3項）。

　なお、無防備地域の条件が満たされなくなった場合でも、紛争当事国が取り極めをすれば無防備地域とみなされるし、無防備地域でなくなったとしても、武力紛争に関する国際法規やジュネーヴ条約などによる保護は与えられるから（同条4、7項）、当該地域に対して無法な武力攻撃や占領が許されるわけではない（さらに本書第6章参照）。例えば、無防備地域において、すべての軍事目標が撤去できないとか、戦闘員と軍備の輸送通過を完全に阻止できないとしても、ジュネーヴ条約第1追加議定書が規定している住民や民用物の一般的保護（50条以下）に反するような武力攻撃は許されない（注釈書para.2286）。

(3)　無防備地域の範囲は、無防備地域宣言の際に、敵対する紛争当事国に対して、できるだけ明確に境界を定め、記述して通告する。締約国間で取り極める場合は、視認できる場所、境界、主要道路などに相互に合意した標識を掲示することが必要である（59条4〜6項）。標識としては、ジュネーヴ条約第4条約（1949年）付属書の協定案で示された白地に赤の斜線（記章）が想起できるが、別のサインを選択してもかまわない。夜間には、少なくとも無防備地域の周辺に、境界が視認できる適切な照明を施すことが必要とされる（注釈書para.2289-2294）。なお、当該条項からすれば、一つの市全域を無防備地域とすることもできるし、一つの市の中の一定の地域（軍事基地がない地域など）だけを無防備地域とすることも可能であろう。

(4)　第59条2項では、無防備地域宣言ができるのは「紛争当事国の適当な当局」（the appropriate authorities of a Party to the conflict）と規定されているが、赤十字国際委員会の見解では、無防備地域の宣言主体を一般的には国（政府）としながらも、それが困難な状況のもとでは、地方軍司令官ないし市長や知事のような地方の文民当局も可能とされている。しかしその場合でも、軍当局の同意が必要と解されている。正確に紹介すると、次のように解説され

ている。「原則として、宣言はその条件を確実に遵守できる当局によって発せられるべきである。一般的にはこれは政府自身となるであろうが、困難な状況にあっては、宣言は地方の軍司令官、または市長や知事のような地方の文民当局によって発することも可能である。もちろん、地方の文民当局が宣言する場合には、宣言の条件の遵守を確実にする手段を唯一もっている軍当局との全面的合意のもとになされなければならない。」（注釈書para.2283）

　無防備地域宣言ができる主体について、政府やそれに従う自治体の見解は、国だけであり、自治体の権限を認めなかった。その論拠は、必ずしも明確には示されてこなかったが、西宮市当局などは最近、上記の赤十字国際委員会の注釈書を根拠に、軍の同意を条件に、自治体が無防備地域宣言を行うことができるとの見解を述べる至っている（本書第3章3.の(3)）。また、政府的な見解と解しうるが、外務省国際法局条約課の大河内昭博も、ほぼ同様のことを述べている。すなわち、「紛争当事者の適当な当局」とは、「通例、中央政府又は中央政府から権限を与えられてその国の軍隊を指揮する立場にあるもの（例えば軍司令官）が該当する」とし、「我が国が、万一『無防備地区』を設定することが必要であると判断する場合には、政府として定める武力攻撃事態等への対処に関する基本的な方針（対処基本方針）の中で定められることになる」と（『ジュリスト』1275号、2004年、100頁）。

　しかし、この解釈が例えば日本の非戦・非武装主義憲法のもとでストレートに採用できるのか、検討される必要がある（後述）。

(5)　無防備地域は、「紛争当事国の適当な当局」が、敵対する紛争当事国に対し一方的に宣言・通告することができる。無防備地域の四つの条件が満たされている限り、宣言を通告された紛争当事国は、当該宣言を受領し、当該地域を無防備地域として取り扱う義務を負う（59条4項）。無防備地域の条件を満たさなくなれば、無防備地域としての地位を失うことは上述した通りである。もっとも、その場合でも、国際人道法上の保護を受けなくなるわけではないことに留意する必要がある。

(6)　無防備地域宣言の国際法的効果が発生するのは、敵軍が占領目的で接近しているような戦時である。したがって、平時に無防備地域宣言を国連、外国政府、赤十字国際委員会などにしておくのとは別に、戦時に改めて紛争当事国に対して、無防備地域宣言をすることが必要となる。なお、無防備地域を平

時に宣言したり、条例化しても、それは道義的な平和都市や非核都市宣言のようなもので、ジュネーヴ条約第1追加議定書が想定しているものとは別のものだという批判的意見もある。しかし、この意見は、無防備地域宣言の意義を求める人たちの論理を冷静に理解しようとはしていない。要するに、平時であれ、戦時であれ、無防備地域宣言をすること自体に否定的な立場から述べられているのである。

以上のような見解のうち、とくに(4)の点に関しては、日本政府や自治体当局と無防備地域宣言を求める市民運動側との間に解釈の対立があるので、以下でさらに検討することにしたい。

3. 無防備地域宣言の主体についての国会論議

2004年度の通常国会において有事関連7法案の審議が行われたが、その中で、ジュネーヴ条約第1追加議定書の批准にも関連して、自治体の無防備地域宣言に関する問題が論議された。無防備地域宣言に対し、民主党の議員からは好意的な質問・意見が出されたが、政府はそれに対して否定的見解を述べた。この論議を簡単に紹介しておくことにする。

例えば、民主党の平岡秀夫議員は、政府がジュネーヴ条約を批准することを評価しつつも、必ずしもジュネーヴ条約をそっくりそのまま受けとめていないのではないか、その一つの例として無防備地域宣言があるとし、「たとえ政府のような立場に立ってみても、地方公共団体の首長が無防備地区宣言を出せないという立場に立ってみても、むしろ、地方の首長が政府に対して、あるいは権限ある者に対して、無防備地区宣言をぜひ出してくれというような要請をする権限というものをこの法整備の中でやったらいいんじゃないかというふうに思う」と質問している。それに対して、井上国務大臣は、「自治体が自治体だけの判断でやるというのは適当でない、やはり国としてどうするか、無防備地区にするのかどうかを判断すべきだ」と答えている（4月26日、衆議院・武力攻撃事態への対処に関する特別委員会）。

また、民主党の大出彰議員が、無防備地帯を自治体が宣言したとすればどうなるのかと質問したのに対して、増田政府参考人は、「宣言は国により行われるべきものであると考えておりまして、地方公共団体がこれらの地帯の宣言を

行うことはできない」と答えている。それに対して、大出議員は、「それが通説なのかもしれませんが、解釈の中では、都市が宣言をしてもいいんだ」というように「解釈しているところもあるんじゃないですか」と追求している。それに対して、林政府参考人は、「紛争当事国の適当な当局」が「宣言をするための条件というのは、要するに、軍事的な行動、作戦、そういったものを特定の地域で行わないということを宣言する必要がございまして、そういう宣言の裏づけと申しますか、実効性を持たせるような権限というものを持っているような適当な当局でなければならない、それを翻って我が国に照らして考えてみた場合には地方自治体というのはそれには当たらない」と答えている（4月28日、衆議院・武力攻撃事態への対処に関する特別委員会）。

　なお、以上の論議の中で民主党議員が行った質問・意見は、自治体が独自に無防備地域宣言をできるのかどうかについて必ずしも明らかではないが、無防備地域宣言の意義について国民に広く理解してもらう意味では注目されよう。民主党の議員の中には、自衛隊や有事法制を合憲として賛成しているにもかかわらず、同時に無防備地域宣言についても好意的ないし肯定的立場をとっている人たちがいるのである。それは、国家としては軍隊をもっているとしても、軍隊をもってしても、敵軍から住民や地域を守り切れない場合がありうることを想定すれば、一定の条件のもとで無防備地域を宣言できる余地を容認しておくことも必要であり、その方が安全であるという安全保障論を提起していると思われる。換言すれば、それは、敵軍に対し、「武力による」よりも「武力によらない」で対処する方が、地域の平和と住民の安全が確保できる場合があることを提案しているといってよいだろう。

4. 自治体は無防備地域宣言の主体になりうる

　この論点は、無防備地域宣言は「紛争当事国の適当な当局」ができるというジュネーヴ条約第1追加議定書第59条2項の解釈にかかわる。当該「適当な当局」は単純に国だけであるという、誤解を与えるような従来の政府やそれに従う自治体の見解は適切ではない。自治体でも宣言できるのである。

　この点に関して、無防備地域宣言の意義を早くから提唱してきた林茂夫は、第1に、国際法学者の宮崎繁樹の見解を引用して、当該条約が宣言主体を紛

争当事国の「政府」とせずに「適当な当局」とし、紛争当事国の敵対関係を前提に、「無防備の条件にその『当局』や『住民』の敵対行為を禁じているわけだから、その『当局』とは、当該地域の住民の管轄権を有する自治体当局を含むと解される」と述べている。第2に、当該条約の前身の一つであるハーグ戦時海軍砲撃条約第2条(1907年)によれば、「地方官憲」(local authorities)が、無防守都市の条件を満たして、外国海軍からの砲撃を免れるために、軍事上の工作物・建設物や兵器などを破壊する措置をとることができることを論拠にあげている。さらに、赤十字国際委員会の会議で提出されたジュネーヴ条約案では、「『無防備地域』を設定できるのは国だけとなっていたが、討論の結果採択されたものでは、国以外の『適当な当局』が主として設定できるようになったので、マーク[標識の記章]も統一したものをきめず、設定時にそれぞれがきめることになったのである」と指摘している(林茂夫『戦争不参加宣言』日本評論社、1989年、6頁、29～30頁)。

また、外交評論家の小池政行は、次のように述べている。すなわち、無防備地域の宣言主体について、ジュネーヴ条約追加議定書審議の「当初の案文」では「国家」となっていたが、「国家の正規軍ではない集団にも人道的保護を与えることを目的の一つとしている追加議定書が、紛争当事者として国家だけを想定している条項をもつのはおかしいと、赤十字国際委員会は訴えた。その結果、無防備地域を設定し、宣言するのは『紛争当事国の適当な当局』となった。実際には交戦団体の当局も、地方自治体も無防備地域を設定できることになる。むしろ住民の生活全般を管轄する市町村が無防備地域を設定するのが現実的である。」と。また、「一般住民の保護に第一義的な責任をもつ自治体が、無防備地域の設定を積極的に検討し、数多くの無防備地域の設定が話題になれば、平和的生存権を実現する具体的手段として注目を浴びるのではないだろうか」とも述べている(小池政行『国際人道法――戦争にもルールがある』朝日新聞社、2002年、129～132頁)。

さらに、日本政府や西宮市当局は最近、条件つきながら、自治体が無防備地域宣言をできることを認めるようになっていることは上述した(本章2.の(4))。

しかし、政府等がいう条件がなければ、自治体が独自に無防備地域宣言ができないというのは問題ではなかろうか。その条件とは、政府が機能しなくなるような困難な状況で、しかも軍の合意を必要とするということである。具体的

には、政府の武力攻撃事態対処基本方針や国民保護計画の中で宣言に関し規定する、という方法が提案されている。

　この認識は、軍隊の保持と活動が国法体系の中で正当化されている「普通の国」では、現実的な解釈といえるかもしれない。国際人道法国内委員会委員の井上忠男の表現でいえば、「各国とも軍の指揮権は政府か軍当局だけに限られ、地方自治体にはありませんから、これら当局の合意がない限り、当該地区から軍隊を撤去したり非武装化することはほとんど不可能といえる」としながらも、無防備都市宣言について、「中央政府や軍中枢が何らかの理由で崩壊状態になったような場合には、地方政府や軍が指揮権を代行する可能性は残るでしょう」と述べている（井上忠男『戦争のルール』宝島社、2004年、166頁）。なお、この解釈では、地方政府が無防備地域宣言を代行する場合、地方の軍当局の合意を要するのかどうか明らかではない。

　それはともかく、以上のことから明らかなことは、無防備地域宣言は国だけでなく自治体も行うことができるということである。問題は、政府やそれに従う自治体の見解などによれば、赤十字国際委員会の見解に依拠し、自治体が無防備地域宣言をする場合は、地方の軍当局の合意を要すると解する点である。

　結論的にいえば、国法体系において軍の存在と活動が正当化されている世界の「普通の国」を前提に考えられている、ジュネーヴ条約に関する赤十字国際委員会のような解釈は、事実上の非武装国家や、軍の存在と活動が正当化されていない国法体系をもつ日本のような国家においては妥当しないと思われる。当該条約が審議された当時には、このような非武装国家などは想定されていなかったのかもしれないが、このような国家の場合には、地方に軍隊が配置されていることを前提に、地方の軍隊や政府に無防備地域宣言の同意を求めなければならないと解釈する必要はないということである。そして、自治体が独自に無防備地域宣言をした場合に、政府や事実上の軍隊（違憲の軍隊など）が自治体の活動を妨害すれば、それは自治体の自治権侵害となろう。

　また、市長などが無防備地域宣言ができる前提として、上述の井上見解は、政府が崩壊した状態を挙げているが、それは、あまりにも特殊な事態に限定しており、疑問である。赤十字国際委員会の見解で述べられている、政府にとっての「困難な状況」の意味には、政府の崩壊状況だけでなく、より多様な「困難な状況」が含まれよう。例えば、政府が自治体の無防備地域宣言を認めようと

しない中で、自治体にとっては、住民の安全などを考慮し、無防備地域宣言をすべき緊急性と必要性がある場合などが考えられる。

　なお、無防備地域宣言を戦争や占領という軍事的な極限状態に対処するという発想から、平時において、自治体が独自に無防備地域の条件を準備して宣言し、地域から非軍事的な平和ゾーンを拡大していくために活用するという発想の方が、今後は必要であろう。ジュネーヴ条約第1追加議定書の制定者意思にのみ拘束されずに、同議定書の基本理念と客観的な規範的構造を踏まえ、世界の市民による、時代に応じた当該条約の創造的な解釈と運用も大切である。

第6章　自治体・条例による無防備地域宣言

1. これまでの市議会における論議

　大阪市、枚方市、荒川区、藤沢市、西宮市、大津市、高槻市、奈良市、品川区、京都市の市民による直接請求に基づいて提案された無防備地域条例案に対して、当該市当局と議会はすべて否決しているが、その否決の理由はほぼ共通している。ここでは、大阪市民の会が市議会に提出した「大阪市非核・無防備平和都市条例」案をめぐる論議を中心的素材として、問題となった論点を検討する。この条例案は、2004年7月20日と7月23日に本会議で審議されたが、結果的には否決された（市長・市当局および自民・公明党・民主党などは反対、共産党だけが賛成）。本会議以外では財政総務委員会で実質審議が行われている。

　まず、条例案を議会にはかるにあたり、大阪市長が付した市長見解は、条例案に規定する市民の「平和的生存権」保障については、日本国憲法前文に規定されているから、改めて条例で確認する必要はないとしたうえで、無防備地域宣言について、次のように述べている。すなわち、「国の見解によると、当該宣言は、当該地域の防衛に責任を有する当局、すなわち我が国においては国において行われるべきものであり、地方公共団体が当該宣言を行うことはできないとされている。したがって、地方公共団体である本市が当該宣言を条例化することは、地方公共団体はその権限に属する事務に関し条例を制定することができるとする地方自治法第14条第1項の規定に抵触するものであると考える。以上のとおり、本件条例案による条例制定については、その必要性は認められず、また、地方自治法第14条第1項の規定に抵触するもので、適当でないと考える」（本書巻末の資料参照）。

　この市長見解は、大阪市以外の枚方市、西宮市などの市長見解においてもほぼ踏襲されているが、そこでいわれていることは、法律論としては、第1は、市民の平和的生存権の意義を自治体で再確認することを拒否し、憲法ないし

平和的生存権を軽視する姿勢である。第２は、ジュネーヴ条約による無防備地域宣言は国だけが行うことができ、自治体ではできないということである。第３は、防衛行政は国の専管事項であり、自治体の権限・条例制定権の範囲を超え、自治体は関与できないということである。この点に関連して、市長は、有事法制がすでに制定されているから、それに反する無防備地域条例は制定できないという認識と、国民保護法に則って、国の施策を実施していく方針をとっている（７月21日、大阪市財政総務委員会答弁）。ここには、政府（見解）に追随する市長・市当局の事なかれ主義の姿勢がみられる。

　上記のような見解は、条例制定に反対した議員らにも共通してみられるが、無防備地域宣言に反対する他の理由としてあげられているのは、無防備地域の現実的安全性に対する懐疑的意見である。ある議員は、平時から無防備地域宣言をすることに対して、それが平和都市宣言と同趣旨の理念的宣言であり実効性がないのではないかと述べている。また、有事の際に他国の軍隊が侵攻してきても、白旗をあげて、どうぞご自由に占領してください、抵抗しませんということを早々と宣告する、無血開城であると述べている。しかも、それは誤ったメッセージを世界に対して流す可能性もあると指摘している。他の議員からは、世界各国で占領軍に対して行われてきたレジスタンス運動等にみられるように、不当な攻撃に対しては、当然自衛権を行使することが認められており、無防備地域宣言のように、大阪市を侵略国の占領に委ねることが市民の平和と安全を守ることにならないとの意見が述べられている（７月21日、財政総務委員会）。

　結局、大阪市当局や議会の多数派は、戦闘行為を行わない無防備地域によって、住民の平和的生存権を保障しようという「武力によらない平和」観に与せず、有事法制などを前提に、軍隊による戦闘行為や住民を巻き込んだ武装抵抗によって、住民の平和的生存権を犠牲にしてでも、領域の安全を確保しようという伝統的な「武力による平和」観を優先させている。換言すれば、平和と安全保障を考えていく前提において、住民の平和的生存権を軽視する観点は、国家中心の安全保障論（「国家の安全保障」論）に立ち、以下の論点にみられるように、ジュネーヴ条約や地方自治法の解釈においても、自治体や住民中心の安全保障論（「人間の安全保障」）を軽視する結果となっているといえよう。

　以上の大阪市議会などの論議の中から検討すべき論点としては、次のもの

が取り出せる。

第1は、平和的生存権をどのように認識するかの問題である。

第2は、ジュネーヴ条約第1追加議定書第59条の解釈にかかわって、無防備地域宣言をできる主体はどこかの問題である。

第3は、防衛行政は、自治体が全く関与できない国の専管事項なのかという問題である。なお、第2と第3の論点にかかわって、無防備地域の四条件に関する行為がすべて防衛行動に当たるから、自治体の管轄権を超えるという、西宮市当局から出された解釈についても検討する。

第4は、防衛行政や有事法制・国民保護法にかかわって、自治体が無防備地域条例のような平和条例を制定することは、地方自治法上できないのかという問題である。換言すれば、無防備地域条例は有事法制に抵触するのかという問題である。

第5は、国の方針に従って、市当局などは有事法制・国民保護法を実施していくことが住民の安全に寄与するという前提に立っていることの問題である。ここでは、有事関連法のうち、国民保護法の実効性について検討する。

第6は、無防備地域が無抵抗な地域で、占領軍の無法支配も容認するかのように認識することの問題である。

第7は、平時に無防備地域宣言をすることを疑問視する問題である。

これらの論点のうち、第2の論点（第5章の3.、4.）と第7の論点（第5章2.の(6)）はすでに検討ないし言及しているので、ここでは、それ以外の論点について検討していくことにする。

2. 平和的生存権は理念的な権利にすぎないか

大阪市や西宮市の自治体当局は、平和的生存権に関しては、国の方針に従い、有事法制や国民保護法を実行していくことが、市民の生命・身体・財産や安全を守っていくことになるという認識を示しているだけで、日本国憲法前文の平和的生存権の歴史的意義や、憲法全体における意味づけなどについては何も配慮していない。

しかし、日本国憲法前文の平和的生存権は、憲法9条の非戦・非武装主義の理念とセットで考えると、非軍事的な態様で生活する権利を意味する。した

がって、この権利が具体的に保障されるべきものだとすれば、有事法制、日米安保条約、自衛隊海外派兵関連法などに基づいて、軍事目的のための土地の収用や人の徴用、戦時対応訓練、軍事基地の設置、海外派兵、軍事のための財政支出などを行うことは、市民の平和的生存権を侵害すると考えられる。

　これを権利内容として分析すれば、平和的生存権は、第1に、政府による権利侵害に対しては、平和的生存権の自由権的側面（戦争がない環境のもとで生活するという、平和学でいう消極的平和の観点）からは、戦争に協力しない市民の抵抗権・不服従（徴兵拒否）の権利が認められる。第2に、国民には、非軍事的な中立の積極的平和外交を求める権利や、世界の戦争の原因となる構造的暴力（偏見、貧困、劣悪な環境など）の解消を求める権利が認められる。それに対して、政府は応ずる義務がある。第3に、手続的権利（請求権的側面）としては、裁判を通じて、政府の戦争準備や戦争行為に対する差し止め請求、あるいは国家賠償請求や補償請求が認められるべきである。この平和的生存権の法的性格としては、それ自体独自の存在意義をもった具体的権利と考えるのが妥当である。

　それに対して、平和的生存権を理念的で抽象的な権利にすぎず、裁判で具体的な内容とか事件を争えるような権利ではないとする見解もある。この見解は、憲法前文の抽象的規範性をとらえて、その裁判規範性を認めないのであるが、憲法9条とあわせて考えれば、憲法前文の平和的生存権規定は、決して抽象的とはいえない。そして、憲法13条の幸福追求権や憲法25条の生存権の一内容として、具体性をもちうるし、自由権や社会権などすべての人権規定の前提ともなりうる。したがって、平和的生存権を抽象的権利とみる説は適切とはいえない。平和的生存権は、国の防衛・安全保障政策の単なる反射的利益（人道的平和）を意味するのではなく、不可侵の人権として把握されなければならない。国連の決議でも、平和的生存権の固有の権利性が承認されている。さらに、文民等を武力攻撃すれば戦争犯罪になると規定するジュネーヴ条約第1追加議定書は、ある意味では国民の平和的生存権を容認していると解されるが、同議定書を日本政府も批准したことから、日本国憲法前文の平和的生存権規定は、裁判規範性を高めることになったといえる。ちなみに、コスタリカ政府のイラク戦争支持を違憲と判示したコスタリカ最高裁判決において、平和的生存権の憲法的価値が確認されている（本書第3部第1章4.も参照）。

平和的生存権の権利主体については、民族や国家であるとする説もあるが、日本国憲法においては、基本的には個人としての国民ないし市民とみるのが妥当であろう。国家や自治体は、非軍事的な方法・態様で、市民の平和的生存権を保障する平和政策や行政を行う法的義務を負っていると解される。

　裁判においても、平和的生存権の実践的意義（裁判規範性、具体的権利性）を認めた裁判例がある。それは、防衛庁が国有保安林を伐採してミサイル基地を建設することの公益性の存否について住民が争った長沼基地事件において、第一審判決（札幌地裁、1973年9月7日）が、自衛隊を違憲とするとともに、基地が有事の際に相手国の攻撃の第一目標となり、住民の平和的生存権が侵害される危険があること、またそれが原告の訴えの利益にもなりうることを容認した事例である。

　それ以外の裁判では、平和的生存権の実践的意義は認められていない。例えば、上記事件の第二審判決（札幌高裁、1976年8月5日）は、自衛隊については高度に政治的問題であるから司法審査の対象にならないという一種の「統治行為」論を採用したうえ、憲法の平和主義や平和的生存権は崇高な理念にとどまり、裁判規範性はなく、国民個々の利益保護を具体的に配慮した規定ではないと判示している。しかし、このような判決の抽象的な平和的生存権論は、自衛隊関連違憲訴訟の訴えを入り口で（本案審理に入る前に）却下する便法として用いられている点で問題がある。

3.　防衛行政は自治体が関与できない国の専管事項か

　政府や自治体当局は当然のことのように、防衛行政は国の専管事項であり、自治体には権限がないと断言している。確かに、自衛隊を指揮する権限や国防行政を決定する権限は、自治体にはない。しかし、当該権限は自治体だけでなく、政府にもないのである。なぜならば、非戦・非武装平和主義憲法を頂点とする日本の法体系のもとでは、軍事的な防衛行政は違憲であり、そもそも想定されていないはずだからである。非軍事的な平和外交や平和行政（非軍事的な平和行政という表現において防衛という言葉を使えば、非軍事的ないし非武装的な防衛行政ということになる）であれば、国民の平和的生存権を保障するために、政府が自治体とともに協力して行う責務と権限がある。軍事的な防

衛行政は国の専管事項であり、自治体には関与する権限がないという論理を、動かしがたい命題として受け入れることはやめるべきである。

　このように、自治体には軍事的な防衛行政に関する権限がないとしても、現実的に政府の防衛行政が自治体や住民の平和と安全に重大な影響を及ぼす場合には、自治体が政府の防衛行政に従わないとか、代替的な非軍事の平和行政を実施することは、自治体が有している自治権の本質（憲法92条）からして可能である。地方分権改革の中で、防衛行政に関し自治体に対する国の規制が強化されている事実もあるが、同時に、それに対して自治体がどのように対処するかについて、自治体の法令解釈権や条例制定権が拡大したことなどが生かされるべきである。これらの問題の一般論的検討はすでに行っているので（第2章参照）、ここでは割愛する。

　なお、西宮市当局は、防衛行政は国の専管事項であり、自治体の権限ではないという見解を前提に、ジュネーヴ条約では自衛隊は軍隊に当たること（ただし憲法上では軍隊ではない）、また同条約で保護される無防備地域の四条件のすべてが防衛活動であるから、国や軍当局の合意なしには、自治体としては無防備地域の条件を満たす条例を制定できないと、答弁している。

　この答弁の問題の第1は、防衛行政は国の専管事項であり、自治体にはできないという前提的認識である。この問題点については、すでに検討している。第2は、無防備地域の四条件を満たすことが防衛活動だと認識している点にかかわる問題である。無防備地域の条件を満たすために、自治体が国の軍事的な防衛行政に対して協力しない政策をとること、例えば自治体当局が当該地域から自衛隊や兵器、軍用施設などを撤去することを政府に要請すること、あるいは、自治体当局が紛争当事国に対して敵対的行為をしないことなどは、広義では防衛関連活動だとしても、住民の平和的生存権を実現するための非軍事的な平和行政（あえて防衛という用語を使えば、非軍事的・非武装的な防衛行政）であって、自治体ができないものではない。むしろ自治体が、有事法制にかかわる行政を積極的に遂行することの方が、自治体にはできないはずの防衛行政を行うことになるのではないだろうか。

4. 無防備地域条例は有事法制に抵触するか

　有事法制・国民保護法を念頭に、大阪市などの自治体当局は、当該法律に抵触する無防備地域条例を制定できないと述べている点について検討する。
　確かに、条例は法令の範囲内でしか制定できないから（憲法94条は「地方公共団体は……法律の範囲内で条例を制定することができる」、地方自治法14条1項は「普通地方公共団体は、法令に違反しない限りにおいて……条例を制定することができる」と規定）、形式論的には、有事法制に抵触しそうな無防備地域条例は制定できないようにも解される。しかし、法令の範囲内というのは、憲法を前提として解釈しなければならないから、有事法制の憲法適合性を無視して解釈するとすれば問題である。大阪市当局などにも、このような問題があるように思われる。
　非戦・非武装主義の憲法9条がある限り、違憲の有事法制を前提に解釈することは疑問である。無防備地域条例は、むしろ憲法9条を直接具体化する地方議会の立法として制定されるべきものである。また、無防備地域を保障するジュネーブ条約第1追加議定書第59条は憲法9条の理念に適合するから、国内的に遵守して具体化すべきである。政府だけでなく自治体も、憲法に適合する「確立された国際法規」を誠実に遵守する義務があること（憲法98条2項）、当該国際法規が法律に優先するという法理などを踏まえると、有事法制ではなく、無防備地域条例こそ尊重されるべきであろう。
　なお、有事法制・国民保護法が法定受託事務で、しかも裁判ぬきで代執行できるようになっていることが、自治体にとっては、法定受託事務に異議を唱えたり、無防備地域条例を制定したりすることについて、制限的・抑制的になっているように思われる。地方自治法では、法定受託事務の執行を自治体が怠った場合、各大臣が職務執行命令訴訟を提起し、判決をもらってからでないと代執行ができないことになっているのに対して、有事法制・国民保護法では、総理大臣は、知事が命令に従わない場合、裁判ぬきで、必要な措置を代執行できることになっているのである。この点については、「自治権への重大な干渉であるが、有事における緊急避難として例外的にのみ許容される」という解釈（原田尚彦『新版　地方自治の法としくみ』学陽書房、2004年、72頁）もみられるが、疑問である。法定受託事務に関し、職務執行命令訴訟を要するとする地方

自治法の一般原則を踏まえると、その例外を有事法制・国民保護法といった個別法に導入するためには、憲法的にも問題のない特別の合理的な理由がなければならないはずである。

　もし、有事法制・国民保護法が憲法上問題がない法律であれば、地方自治法という基本法（「前法」）からみると、有事法制・国民保護法という「後法」において、前法の例外を設けることは問題がないであろう。というのは、「後法優越」の法原則により、地方自治法よりも有事法制・国民保護法の規定が優先するからである。しかし、有事法制・国民保護法は違憲性が濃厚である以上、地方自治法に反して、裁判ぬき代執行を有事法制・国民保護法に規定することに疑問がある。

　この問題点と、法定受託事務とはいえ、基本的には、自治体の「自らの判断と責任」において行うことができること、さらに非戦・非武装主義の平和憲法が存在することに留意すれば、有事法制・国民保護法などがあっても、同法が違憲である限り、無防備地域条例を制定することは法的には可能である。

　なお、国民保護法が有事に際し、住民の安全を本当に確保することを目的にしているのであれば、それと目的を同じくする無防備地域条例は、いわば国民保護法の「上乗せ条例」的なものとして制定することに問題はないということもできよう。また、政府や自治体によっては、国民保護法・国民保護計画の中に無防備地域宣言を取り入れる考えもあるが、武力攻撃事態法などとセットで扱われることがなければ問題はないであろう（第3章3.の(3)）。しかし、これを実現させることは、実際には困難なことが予想される。

5.　国民保護法の実効性に対する疑問

　有事関連法の一つである国民保護法は、武力攻撃事態（弾道ミサイル攻撃、航空機による攻撃、地上部隊の上陸、ゲリラや特殊部隊による攻撃の4類型）等に際し、自治体や住民に対して避難や救援措置を命ずる（国民保護法では自治体ごとに国民保護協議会を設置して国民保護計画を策定することが義務づけられている）ことにより、住民の安全を確保することを目的にしているが、それは実際に可能なのであろうか。

　この点については、次のような見解が参考になる。「都市は、市民生活をま

すます便利にしたが、その反面、電気、ガス、水道などのインフラが止まったり、戦争、とりわけ、敵軍が日本に上陸して、自衛隊が塹壕を掘って迎え撃つというような事態になれば、都市はあっという間に崩壊してしまう。しかも、東京圏3300万人、近畿圏1300万人という巨大都市圏では、新たな生活を築く場所も、逃げ出す場所さえもない。」さらに、東京都内で避難警報が出され、1200万人の都民が避難するとすれば、都市インフラが使えず、たちどころに衣食住の供給も不可能になり、大規模な騒乱が起こる可能性さえある。都民が埼玉県に避難したとすると、埼玉県の給水計画人口は375万5000人分、食糧備蓄が130万食で、ただちに底をつく。また、有事における避難は自然災害と違い、隣接する県を越境して長距離を長時間歩き続ける可能性もあるが、それは、190万の65歳以上の高齢者、150万の15歳未満の者だけでなく、健康な人にとっても困難である。それを助ける都職員数は警察、消防、教員を含めて14万人にすぎない。このようなことから、「都市は戦争できない」し、「外からの攻撃を待たずして日本は自壊する」（木佐茂男ほか編著『分権の光　集権の影』日本評論社、2003年、18頁以下）。

　また、例えば、鳥取県が行った武力攻撃事態の際の住民の避難に関するシミュレーションによれば（2003年）、県東部の石美郡住民約2万6千人を隣の兵庫県に約90台のバスで避難するのに11日間要するとすれば、人口12万人の鳥取市民を避難させることは困難といえる。戦闘地域から避難する住民と、逆に戦闘地域へ向かう自衛隊が交錯し、道路が混乱することも予想される。東京都民よりはるかに人口の少ない鳥取県でさえ、このような事態が予測されているのであるから、ほとんどの自治体では、国民保護法に基づく避難・救援（計画）の実効性をはかることは困難と思われる。

　さらに、次のような問題も考えられる。つまり、軍事技術が高度に発達した現代戦争においては、いったんミサイル攻撃などで自国領域が攻撃を受けた場合、避難する以前に、多数の住居や人命が一挙に失われてしまうことである。一般的な専守防衛力があっても、軍事的な防衛は不可能であるし、国民保護法に基づいて、平時から、どのように詳細な国民保護計画を立てても、住民の避難や救助などは、意味をなさないであろう。

　それは、戦前の国民保護法ともいえる「防空法」（1937年）の果たした現実からも明らかである。空襲に備える武装都市づくり、ないし「民間防衛」に関す

る防空法においては、「戦時又は事變に際し、航空機の来襲に因り生ずべき危害を防止し又は之に因る被害を軽減する為陸海軍の行ふ防衛に即應して、陸海軍以外の者の行ふ燈灯管制、消防、防毒、避難及び救護竝に此等に關し必要なる監視、通信及び警報」という防空計画（１条）は、知事の指揮のもとで市町村に設置される防空委員会が作成することを義務づけられていた。そして、地域の町内会、警防団、会社などが、民間の防空計画（軍の行う軍防空とは別の民防空）を担い、防空訓練などに参加することが強要された。しかし、都市攻撃が激しくなると、防空法や防空計画は、住民の安全（生命・身体・財産）を守ることはできなかったのである。

　したがって、戦争に巻き込まれるような安保外交政策をとらないことが大切なことである。

　なお、現実的には、日本の周辺諸国をみた場合、日本に対する、ゲリラ攻撃以外の武力攻撃事態が発生する可能性があるのかは疑問である。日本が日米軍事同盟を緊密にし、自衛隊の海外派兵を継続していくならば、武力攻撃事態のうち、日本に対するゲリラ攻撃の可能性を完全に否定することはできない。しかし、ゲリラ攻撃に対しては、軍事力で対処することは不可能に近く、軍事力以外の外交や警察力によって対処するしかないであろう。

　以上の点から、国民保護法が住民の安全を現実的には確保できないにもかかわらず、住民に避難・救援を義務づけ、ないし要請するのは、有事に備えることを名目に、平時から住民に戦争協力をさせ、海外派兵や有事に備えた国家体制を確立することにあるといえる。また、有事法制全体の運用においては、国民保護対策よりも、自衛隊や米軍の軍事活動を優先する対策がとられる恐れがある。もしそうだとすれば、有事法制・国民保護法は不要である。むしろ、武力攻撃を受ける可能性を高めると同時に、戦争被害を増大させる「武力による平和」体制を構築するよりも、国際法上武力攻撃が禁止されている（仮に戦闘に巻き込まれても戦争被害が少ない）「武力によらない平和」地帯である無防備地域づくりの方が、住民にとっては安全であるように思われる。そもそも、有事に際し、都市型社会において安全に避難できる場所は、上記のシミュレーションによっても考えにくい。むしろ、無防備地域こそが避難地域としては安全である。

6. 無防備地域宣言は占領軍による無法支配を容認するか

　無防備地域宣言に反対する理由として、ジュネーヴ条約第1追加議定書第59条において、無防備地域が「占領に対して開放されているもの」と規定されていることにもかかわって、無防備地域宣言が侵略や占領軍に対して何も抵抗せず、敵軍の無法な攻撃や支配も容認するものであるかのように理解されていることが指摘できる。しかし、そのような理解（以下「敵軍による無法支配」論と称す）が論拠の薄弱な憶測かもしれないし、適切なものであるのかどうか、いくつかの側面から具体的に検討される必要がある。一つは、「敵軍の無法支配」論がジュネーヴ条約との関係で適切かどうかである。次に、無防備地域でも非武装・非暴力による抵抗ないし防衛（論）の余地がないのかどうかである。

(1) ジュネーヴ条約と占領

　まず、ジュネーヴ条約第1追加議定書においては、戦闘方法が規制されていること（35条以下）、住民と民用物を保護するために、戦闘員や軍事目標以外は基本的に攻撃してはならないという「軍事目標主義」（48条）がとられていることなどを踏まえて、戦闘員や軍事目標が存在しない無防備地域の特別な保護規定がおかれていることを認識する必要がある。また、占領については、暫定的な管理・支配にすぎず、戦闘の終了により軍事占領も終了し、占領軍が撤退するのが原則である（実際は講和条約の締結まで国連の管理のもとで占領軍が駐留することがありうる）から、占領は、武力行使を違法化している現代国際法で禁止されている征服（他国領土の一方的取得、主権の変更）と異なることに留意する必要がある。そして、占領軍は、具体的には次のような義務を遵守しなければならない。1907年のハーグ陸戦法規では、占領地の法律を尊重し秩序を維持すること、個人の生命・財産・信仰などを尊重すること（42条以下）が規定されている。1949年のジュネーヴ条約（第4［文民保護］条約）では、強制労働の禁止、住民のための食糧や医薬品の確保ないし輸入の義務など（27条以下）が、ハーグ陸戦法規より詳細に規定されている。ジュネーヴ条約第1追加議定書では、上記の諸条約を踏まえ、占領下における住民の人道保護および基本的人権の保護が明記されるに至っている（72条以下）。

　このように、無防備地域は、法的には、「敵軍の無法支配」を容認するもので

はないのである。もちろん、ジュネーヴ条約などの国際人道法が占領軍によって確実に遵守される保障はない。例えばアメリカなどのイラクに対する武力攻撃と占領においては、国際人道法を遵守していない。しかし、そうだからといって、国際人道法が無意味ということはできない（犯罪がおき刑法が破られるからといって、刑法を無意味という意見が通常ないのと同様）。むしろ、アメリカなどに対して、国際世論が国際人道法の遵守を要求し、戦争犯罪を追及していかなくてはならないのである。本来ならば、国際刑事裁判所を通じてアメリカなどの戦争犯罪が裁かれるべきであるが、現実には困難な状況にあるため、アフガニスタンやイラク戦争に関する国際民衆法廷の方法で戦争犯罪が問われてきている。

⑵　市民による非武装・非暴力防衛（論）の可能性

　無防備地域宣言は、占領軍に対して占領を誘い込み、何らのレジスタンスもしない無抵抗な地域であることを表明するものだとして、当該宣言に反対する意見がある。しかし、無防備地域においては、法と秩序を維持する警察の活動が許されるし、国際法上違法な占領・支配（敵軍の無法支配）に対しては、武力的な敵対行為でない、非武装・非暴力的な住民の抵抗は許されるであろう。ジュネーヴ条約第1追加議定書第59条の無防備地域の四条件の一つである「当局または住民により敵対行為が行われていないこと」という項目の中の「敵対行為」とは、警察的活動を超える軍事的（武力的）な行為を指し、非武装・非暴力的な住民の抵抗までも否定する趣旨とは解されない。この点はすでに言及しているが（第5章2.参照）、とくに非武装・非暴力防衛（論）について、以下に説明を加えておきたい。

　非暴力的行動の具体的方法については、G・シャープの歴史的・政治学的研究による3類型（約200の歴史的事例を類型化）が参考になる。第1は、行進、ピケ、監視、公的集会、プロテストのための文書配布といった非暴力的プロテストである。第2は、消費や販売、産業や就業、選挙や行政に関する、社会的、経済的、政治的非協力（ボイコット）である。第3は、座り込み、断食、非暴力的占拠といった非暴力的介入である。これらの方法を軍事や防衛の領域で採用することを、シャープは「市民的防衛」（civilian defense）と称しているが、そこには「降伏のための白旗は全く存在しない」。市民的防衛は、「無抵

抗や怯懦とは正反対の態度」であり、「説得の試みであるだけではなく、力の行使」なのである。

　ちなみに、当該「市民的防衛」は、軍事的な「民間防衛」や、ジュネーヴ条約第1追加議定書第61条でいう「市民防衛」とは別の概念であることに留意する必要がある（第4章の2.、6.）。

　シャープのいう「市民的防衛」は、敵軍の侵入を直接的には阻止できないが、不当な軍事占領支配に抵抗し、占領支配の困難さを知らしめて撤退させることを目的にしている。軍事的な占領は、住民の生活次元の支配にまで及ばない限り目的を達成することができないことに留意すれば、そこに市民的防衛の意義があると考えられる。また、今日の軍事技術の発達により、一定の地域を中心とした防衛の有効性がほとんど不可能になっていることも、市民的防衛の意義を考える背景として重要である（G・シャープ『武器なき民衆の抵抗』れんが書房、1972年、第2・3章参照）。

　この点について、G・シャープと類似の平和論を展開している宮田光雄が、次のように述べていることが参考になる。すなわち、「現存の核兵器の存在それ自体が、すでに領土の軍事的防衛とか国境の不可侵性を不可能にした。それとともに、領土防衛にもとづいて、一般民衆の生命や経済的潜在力の安全を保障するという旧来の考え方も不可能にされた。……高度に工業化された国家間の戦争では、生活空間としての領土の占領ないし獲得は、もはや戦争目的たりえない。……したがって、軍事的侵略にたいして国境での防衛が無条件に求められているのか否か……が問題となる」。さらに、現代戦争では軍隊よりも一般民衆の損失が大きくなることが、軍事的防衛よりも、市民的防衛の有効性を示すことになる、と（宮田光雄『いま日本人であること』岩波書店、1992年、214頁以下）。

　要するに、侵略国からみれば、長期に無法な軍事支配をすることは国際的に許されなくなっていること、また、被侵略国からみれば、今日の高度化した軍事力のもとでは軍事力による領土防衛は不可能であることを考慮すると、むしろ、非武装・非暴力抵抗により、無法な占領・支配に服従しないで、その不当性を内外に訴えていくことが、占領・支配を終結させることにつながる。まさに、このような点において、無防備地域（宣言）の現代的な存在基盤と存在意義があるように思われる。

第7章 無防備地域宣言の障害となる平和憲法「改正」論
自民党新憲法草案の問題点

　平和憲法の「改正」（実態は改悪）論にはさまざまなものがあるが、最新のまとまったものとして、自民党は2005年11月22日、結党50年にあたり、新憲法草案を決定した。それは今後の改憲論の指導的役割を担うと思われるので、ここでは当該新憲法草案を素材にして、平和憲法の改正論を検討することにする。

　新憲法草案は、日本国憲法の最大の特質をなしている、世界的先進性のある非戦・非武装平和主義を否定し、「戦争ができる国」であるためのさまざまな憲法的改編を行っている。憲法9条の改正だけではなく、それに関連して、憲法前文や他の条項の改正もなされている。このような平和憲法の改正が行われることになれば、自治体における市民提案の無防備地域宣言（運動）は困難になることが予想されるので、当該憲法改正を容認しないためにも、新憲法草案の意図と内容を批判的に検討しておく必要があろう。なお、平和主義などの憲法の基本原理を後退させるような変更を行うことは、憲法の改正（権）を超える改正であり、法的にはできないという通説によると、自民党の憲法改正案は、改正の名に値せず、憲法破棄を意味するから、保守「革命」憲法といわざるをえないものである。自民党は、そのことを自覚しているとみえて、「新憲法の制定」と称している。

1. 憲法9条の改正

(1) 個別的および集団的自衛権行使・海外派兵の容認

　まず、憲法第2章・9条の見出しが「戦争放棄」から「安全保障」に変更されていることに留意する必要がある。それは、自民党の一つの系譜である1954年の自由党の憲法改正案（見出しは「国の安全と防衛」）や1990年代の読売新

聞社の憲法改正案など、保守系の憲法改正案においてすでに提案されていたものであるが、「戦争ができる国」を目指す意思表示である。その特徴は、現行憲法9条第1項（平和主義の理念）は残すが、第2項を削除して、自衛軍の保持と可能な軍事活動を明文化していることである。「我が国の平和と安全を確保するため」の活動には、個別的自衛権を行使する自衛戦争が想定されている。また、「国際社会の平和と安全を確保するために国際的に協調して行われる活動」には、特に限定がなされていないので、国連憲章の枠内で可能なあらゆる武力行使ができることが想定されている。したがって、集団的自衛権の行使（軍事同盟）だけでなく、国連の要請に基づく海外派兵もできる。この中には、多国籍軍的なものから、国連軍の活動、国連平和維持活動（PKO）なども含まれるのであろう。いずれにしても、草案は、現憲法9条に反して実行されている自衛隊の活動に憲法的正当性を与え、将来において、より積極的に海外派兵できることをねらっているものと思われる。

⑵　国家緊急権制度の導入

　第2に、上記以外の自衛軍のその他の任務として、「緊急事態における公の秩序維持活動」と「国民の生命若しくは自由を守るための活動」をあげているのが問題である。前者では、テロリストなどによる大規模攻撃や自由で民主的な基本秩序に対する差し迫った危機が生ずるような場合（治安緊急事態）、後者は、大規模な自然災害などにより国民の生命・身体・財産に重大な被害が生ずるような場合（災害緊急事態）が想定されている（自民党の2004年11月「憲法改正草案大綱」参照）。これらの事態は、戦争・有事・武力攻撃事態に関する「防衛緊急事態」とあわせ、国家緊急事態といわれるが、そのような事態に対処できる国家権限を草案が容認したということは、憲法学でいう「国家緊急権」（非常事態権）を憲法に導入したことを意味する。国家緊急権は国家緊急事態に際し、その危機に対処するため、政府に権力を集中し、一時的に議会統制権を排除したり、人権を制限・停止する権限のことである。この権限は最終的には軍事力で担保されるため、行政や警察の軍事化も生ずる。その期間は憲法が通常に機能せず、「憲法停止」状態となることもありうる。その最悪の事例がワイマール憲法下のヒトラー政権による国家緊急権の発動による独裁政治である。

現行憲法では非戦・非武装による国民の平和的生存権が保障されていることから、国家緊急権は否認されていると解されるが、草案は国家緊急権を導入したことにより、立憲主義や民主主義をも危機に陥れる可能性を秘めている。また、「公益及び公の秩序」を理由に人権制限ができる規定も、国家緊急権の発動を容易にする機能をはたす恐れがある。今後、独自の緊急事態法の制定が、民主党などとともに提案されることもありうる。

(3) 不明確なシビリアン・コントロール

第3に、総理大臣の自衛軍に対する最高指揮権の発動や自衛軍の活動などは国会の承認に服するという、いわゆるシビリアン・コントロールが書かれているが、事前統制なのか事後統制なのかといった重大な手続きを憲法に明記せず、法律に一切を委ねているのは問題である。その点は、委任立法の規制緩和がなされていること（憲法73条6号）とも関連させて考えておく必要がある。現行憲法では、政令で委任できるのは罰則だけである（罰則以外の事項も限定的に委任を認める説も多い）が、草案では、権利制限や義務づけも委任立法として容認されている点は、国家緊急権や緊急事態法などを考慮すると、シビリアン・コントロールや民主的立憲主義の意義がどれほど重視されているのか疑問である。

2. その他関連条項の改正

新憲法草案には、憲法9条改正以外にも、以下のような「戦争ができる国」を支えるための条文改正がなされている。

(1) 憲法前文

草案の前文では、平和主義や国際協調主義の表現はあるが、非戦平和主義の歴史を踏まえたものとして位置づけられておらず、平和的生存権とともに、「政府の行為によつて再び戦争の惨禍が起ることのないやうにすることを決意」するという現行憲法の文言は削除されている。したがって、「圧政や人権侵害を根絶させる」努力をするという草案の宣言は、国際平和貢献のようにみえるが、憲法9条改悪による国際協調のための海外派兵とあわせて解釈すると、

人道的軍事介入を可能にすることになろう。また、自然との共生観に基づき地球環境の保護に努めるという宣言も、その実効性が疑わしい。戦争が最大の環境破壊であるという認識があれば、戦争に参加せず、現行憲法9条を厳守することこそ環境保護に貢献することになると思われる。

　さらに、国と社会を守る国民の責務・愛国心が、「帰属する国や社会を愛情と責任感と気概をもって自ら支え守る責務を共有」すべきものとして強調されていることである。ここには、権利行使における道義的な「国民の責務」（12条）や住民負担の義務（91条の2）などを自覚させようという意図だけでなく、明文化されていないが、国防の責務（自民党の2005年4月4日の新憲法起草委員会の小委員会要綱では明記）も含意させたいのであろう。

(2)　国民の権利・義務

　まず、憲法29条で、財産権については「公共の福祉」に代えて「公益及び公の秩序」による制限を可能にしているのは、福祉国家的規制でなく、国家主義的規制を意図したものと解される。具体的は、有事法制における国民の戦争協力義務の一環として、国民の土地や家屋、その他財産などが強制的に収用されたり、使用が規制されることが想定される。第2に、現行憲法20条（89条）の厳格な政教分離規定を緩和し、「宗教的意義を有し、特定の宗教に対する援助・促進または圧迫・干渉となる行為」に該当しない行為や、社会的儀礼等の範囲内の行為について、国の宗教活動を容認しているのは、過去だけでなく将来の戦争による死者を祀る行為を正当化することにつながる。第3に、国政の説明責務などの新しい規定が導入されているが、当該責務の前提となる国民の知る権利などは明記されていない。これは、後述の軍事裁判所設置との関連でみると、軍事機密などについての情報公開請求を妨げることになろう。

(3)　国の統治制度

　すでに言及した自衛隊に対する総理大臣の最高指揮権、委任立法の規制緩和のほか、政党条項の導入（64条の2）にも留意する必要がある。西ドイツ憲法の経験に照らすと、憲法9条改悪にともなう「治安緊急事態」の際には、特定の政党が「自由で民主的な基本秩序」を害するとして活動を制限される恐れがある。

さらに、軍事裁判所の設置（76条）の問題がある。明治憲法下では独自の軍刑法と軍法会議（軍事裁判所）が設けられ、市民も裁かれることがあった。これを念頭におくと、軍事裁判所の設置により裁かれるのは、まずは自衛軍の指揮命令に関する事件である。その中には、有事関連法である「国際人道法の重大な違反行為の処罰に関する法」や「捕虜等の取り扱いに関する法」に抵触する事件が含まれよう。それだけでなく、有事法制・国民保護法に協力しない自治体や市民の行為、防衛機密を漏らした公務員や市民の行為なども裁かれることになる。さらに、下級審とはいえ軍事裁判所が設置されると、独自の裁判規則がつくられ、上級審においても、軍事機密の取り扱いや公開裁判の原則について制約がともなうことになろう。

⑷　地方自治

地方自治における国と地方の役割分担および相互協力の規定（92条）は、地方の自主性を前提にしている（91条の２）が、「地方分権改革」下の地方自治法の全面的な改正などを踏まえ、福祉行政などは自治体に自己責任として任せ、有事法制・国民保護法などの国の防衛行政については、自治体や住民に協力を求めることを想定していると解される。

3.　むすび

以上のように平和憲法が改正されると、次のような事態が生ずることも想定しておく必要がある。例えば、自衛隊違憲裁判はできなくなり、海外派兵違憲訴訟や有事法制・国民保護法による戦争協力要請の拒否などが困難になること、戦争に対する批判的言論が「公益及び公の秩序」の名の下で規制され、非武装中立政策は憲法の解釈論としては主張できなくなること、徴兵制類似の制度の導入もありえないことではないこと、などである。もちろん、無防備地域に関する条例制定や宣言（運動）もきわめて困難となろう。

第4部 資料

資料1 ◉ ジュネーヴ条約第1追加議定書第59条（無防備地区）

＊1949年8月12日のジュネーヴ諸条約の国際的な武力紛争の犠牲者の保護に関する第1追加議定書（1977年6月署名；日本批准2004年9月、発効2005年2月）

第59条　無防備地区
1　紛争当事者が無防備地区を攻撃することは、手段のいかんを問わず、禁止する。
2　紛争当事者の適当な当局は、軍隊が接触している地帯の付近又はその中にある居住地区であって敵対する紛争当事者による占領に対して開放されるものを、無防備地区として宣言することができる。無防備地区は、次のすべての条件を満たしたものとする。
　(a)　すべての戦闘員が撤退しており並びにすべての移動可能な兵器及び軍用設備が撤去されていること。
　(b)　固定された軍事施設の敵対的な使用が行われないこと。
　(c)　当局又は住民により敵対行為が行われないこと。
　(d)　軍事行動を支援する活動が行われないこと。
3　諸条約及びこの議定書によって特別に保護される者並びに法及び秩序の維持のみを目的として保持される警察が無防備地区に存在することは、2に定める条件に反するものではない。
4　2の規定に基づく宣言は、敵対する紛争当事者に対して行われ、できる限り正確に無防備地区の境界を定め及び記述したものとする。その宣言が向けられた紛争当事者は、その受領を確認し、2に定める条件が実際に満たされている限り、当該地区を無防備地区として取り扱う。条件が実際に満たされていない場合には、その旨を直ちに、宣言を行った紛争当事者に通報する。2に定める条件が満たされていない場合にも、当該地区は、この議定書の他の規定及び武力紛争の際に適用される他の国際法の諸規則に基づく保護を引き続き受ける。
5　紛争当事者は、2に定める条件を満たしていない地区であっても、当該地区を無防備地区とすることについて合意することができる。その合意は、できる限り正確に無防備地区の境界を定め及び記述したものとすべきであり、また、必要な場合には監視の方法を定めたものとすることができる。
6　5に規定する合意によって規律される地区を支配する紛争当事者は、できる限り、他の紛争当事者と合意する標章によって当該地区を表示するものとし、この標章は、明瞭に見ることができる場所、特に当該地区の外縁及び境界並びに幹線道路に表示する。
7　2に定める条件又は5に規定する合意に定める条件を満たさなくなった地区は、無防備地区としての地位を失う。そのような場合にも、当該地区は、この議定書の他の規定及び武力紛争の際に適用される他の国際法の諸規則に基づく保護を引き続き受ける。

資料２◉無防備地域条例案関係

①大阪市非核・無防備平和都市条例（案）〔2004年〕

　今もなお戦争が繰り返され、多くの尊い命が失われ、暮らしや環境が破壊されている。戦争ほど人類にとって不幸なことはない。
　大阪市は、市民が平和に生きる権利を有することを宣言し、戦争をなくし平和の実現に不断に努力する証としてこの条例を制定する。

（目的）
第１条　　本条例は、国際平和を誠実に希求し、戦争と武力を永久に放棄するとした日本国憲法の平和主義の理念、国是である非核３原則、武力紛争時の国際法規であるジュネーブ条約などの国際人道法ならびに大阪市の「非核平和都市宣言」に基づくものである。
　　　　　本条例は、平和を守るため、国際法規などを積極的に活用すると共に大阪市の責務も明確にし、もって市民の平和と安全を保障することを目的とする。

（市民の平和的生存権）
第２条　１　大阪市民は、平和のうちに生存する権利を有することを確認する。
　　　　２　大阪市民は、その意思に反して、軍事を目的にした市民権の制約や財産権の侵害、自然環境の破壊を受けることはない。

（市の責務）
第３条　１　大阪市は、戦争に協力する事務を行わない。
　　　　２　大阪市は、新たな軍事施設の建設や軍事のための車両、航空機、艦船、物資などの輸送通過を禁止する。
　　　　３　大阪市は、その他前条の規定に反する行為を行ってはならない。

（非核三原則の遵守等）
第４条　１　大阪市は、非核三原則を遵守する。
　　　　２　大阪市は、市域内における核物質の貯蔵や輸送などの情報を市民に公表するとともに、その安全対策に万全を期する。

（無防備地域宣言）
第５条　１　大阪市は、戦争の危機に際しては1977年の「1949年８月12日のジュネーブ諸条約に追加される国際的武力紛争の犠牲者の保護に関する議定書」（ジュネーブ条約追加第一議定書）第59条による無防備地域宣言を行い、その旨を日本国政府および当事国に通告する。
　　　　２　大阪市は、平時においても前項の議定書に定める無防備地域の条件を満たすように努める。

（平和事業の推進）
第6条　大阪市は、恒久的な世界平和実現のため次の各号の事業を行う。
　　　　一　平和意識の普及、宣伝
　　　　二　平和教育の推進
　　　　三　平和祈念事業の推進や平和記念物の保存、展示及び建造
　　　　四　平和のための他の地方公共団体との協力
　　　　五　平和のための国際交流事業
　　　　六　その他条例の趣旨に沿う平和のための事業
（平和予算の計上）
第7条　大阪市は、前条の平和事業に必要な経費を毎年予算に計上する。
（条例の施行細則）
第8条　本条例の施行に必要な事項は規則で定める。
付則
1.　本条例は公布の日から施行する。
2.　本条例は公布後速やかに翻訳文をつけて国際連合および国際連合加盟国その他の国などに送付する。

②京都市無防備・平和都市条例（案）（2005年）

（前文）
　「1949年8月12日のジュネーブ諸条約に追加される国際的武力紛争の犠牲者の保護に関する議定書」（以下ジュネーブ条約第1追加議定書とする）は、戦争をなくしていく人類の大きな歴史の流れの中で、戦時下における兵士、一般市民の権利保護を目的として、1977年に成立した。
　京都市は、1978年には、全世界のひとびとが、人種、宗教、社会体制の違いを超えて、平和のうちに自由に文化交流をすすめる「世界文化自由都市」を宣言し、1983年の市会の「非核・平和都市宣言」においては、戦争に協力する事務は行わないことを決議した。
　この京都市において、日本国憲法の平和主義の理念のもと、ジュネーブ条約第1追加議定書第59条に定める無防備地域を宣言することは、国籍を問わずすべての京都市在住の人々を戦争被害から守り、世界に平和を発信する最良の手段である。
　そして、市全域に数多くの世界遺産を有する京都市が、1999年の「武力紛争の際の文化財の保護のための条約」（以下文化財保護条約）第2追加議定書の精神を踏まえ、文化を守り、創造していくためにも、無防備地域宣言が不可欠である。
　ここに、戦争につながるすべてのものを拒否し、住民の生活と安全、文化を守ることを宣言し、京都市無防備・平和都市条例を制定する。

（目的）
第１条　この条例は、日本国憲法の平和主義の理念、ジュネーブ諸条約及び文化財保護条約第２追加議定書等の国際人道法、ならびに京都市会の「非核・平和都市宣言」に基づくものであり、無防備地域宣言を行うことにより、住民の生活と安全、文化を守ることをめざすものである。

（定義）
第２条　この条例において、各号に掲げる用語を次のとおり定義する。
1　無防備地域
　　ジュネーブ条約第１追加議定書第59条により、戦時において次の要件を満たす場合、紛争当事国からの武力攻撃が禁止される地域のことである。
　　(1)　すべての戦闘員ならびに移動兵器及び移動用軍用設備が撤去されていること、
　　(2)　固定した軍用の施設又は営造物が敵対的目的に使用されていないこと、
　　(3)　当局又は住民により敵対行為が行われていないこと、
　　(4)　軍事行動を支援する活動が行われていないこと。
2　文化的財産の強化保護
　　文化財保護条約第２追加議定書第10条により、文化的財産が次の３要件を満たす場合、紛争当事国からの強化された保護の下に置かれる。
　　(1)　人類にとってもっとも重要な文化的遺産であること、
　　(2)　国内の法律及び行政上の適切な措置によって保護され、特別の文化的及び歴史的価値の認証とともに、最高レベルの保護が与えられていること、
　　(3)　軍事目的ないし軍事用地の防御のために使用されないこと、かつ、文化的財産がそのように使用されないことを保証する宣言が、文化的財産を管理する当事者によってなされていること。

（市民の平和的生存権）
第３条　京都市に居住するすべての人が、平和のうちに生存する権利を有することを確認する。
2　京都市に居住するすべての人は、戦時のみならず平時からその意に反して軍事活動を目的とした権利の制約や財産の侵害、自然及び文化環境の破壊を受けることはない。

（戦争非協力）
第４条　日本国憲法に掲げられた恒久平和の理念を日常の市民生活の中に生かし、平和都市たることを宣言し、戦争に協力する事務は行わない。

（無防備地域宣言）
第５条　市長は、戦時あるいはその恐れが明白な場合、第２条に定める無防備地域宣言を日本国政府及び紛争当事国に通告する。

（無防備地域の確保のための措置）
第６条　市長は、平時においても、第２条に定義する無防備地域の要件を満たす適切

な措置を取ることを国に求める。
（文化財の保護）
第7条 市長は、世界遺産をはじめとする京都市内の文化財を戦争によって破壊される事を防止するために、第2条に定義する文化的財産の強化保護を国に求めるとともに、有形無形の京都の文化の保護を通じて平和なまちづくりに寄与するものとする。
（平和事業の推進）
第8条 戦争の防止と世界平和の実現のために、次の各号の事業を実施する。
　(1) 軍事力の行使による紛争解決としての戦争に反対する平和意識の普及・宣伝活動
　(2) 戦争に反対し、平和を希求するための住民参加の事業
　(3) 憲法、国際人道法の普及などの平和教育の推進
　(4) 平和記念物の保存、展示
　(5) 平和のための他の地方団体との交流と協力
　(6) 平和のための国際交流事業
　(7) 以上の各号に準じる条例の趣旨に沿う平和のための事業
2　前項の平和のための事業を市民が行う場合は、市長は、共催・後援その他必要な援助及び助成を行うように努める。
（平和予算の計上）
第9条 前条の平和事業に必要な経費を毎年予算に計上する。
第10条 この条例の施行に関し、必要な事項は、市長が別に定める。
付則
（施行期日）
1　この条例は公布の日から施行する。
2　この条例は、公布後速やかに全国の自治体、ならびに、翻訳文を付けて、国際連合、国際連合加盟国、赤十字国際委員会、ユネスコ、その他の国に送付する。

③大阪市非核・無防備平和都市条例（案）に対する大阪市長「意見書」（2004年）

1　今回の請求に係る条例案（以下「本件条例案」という。）の内容は、日本国憲法の平和主義の理念、非核三原則、ジュネーブ諸条約などの国際人道法及び本市の「平和都市宣言」に基づいて、国際法規などを積極的に活用するとともに、本市の責務を明確にし、市民の平和と安全を保障することを目的として（第1条）、市民の平和的生存権（第2条）、市の責務（第3条）、非核三原則の遵守等（第4条）、無防備地域宣言（第5条）、平和事業の推進（第6条）及び平和予算の計上（第7条）について定めるというものである。
2　本市では、平成7年12月に市会の議決を経て「平和都市宣言」を行い、その中で、

「日本国憲法の基本理念である恒久平和と国是である非核三原則を踏まえ、核兵器の速やかな廃絶を強く訴え、国際社会の平和と発展に貢献する」として、平和の実現や非核三原則についての本市の姿勢や考え方を既に明らかにしているところであり、改めて平和の実現に向けた本市の責務や非核三原則の遵守について、条例で定める必要はないと考える。

　平和に関する施策・事業についても、本市は、戦争の悲惨さや平和の尊さを次の世代に伝え、世界平和に貢献するシンボル施設として、平成３年に大阪府と共同で大阪国際平和センター（ピースおおさか）を開設し、平和記念物の保存・展示や講演会の開催などを通じて平和意識の普及・宣伝に努めるとともに、世界の恒久平和の実現に向け、開発途上国への支援などの国際協力・国際交流事業や平和教育を推進しており、また、昨年８月には、市民とともに国際平和人権都市大阪を世界に向けて発信するため、国連軍縮大阪会議を招致・開催したところである。今後とも、「平和都市宣言」に基づき、市民一人一人に平和の尊さを伝え、広く人々に平和を希求する心がはぐくまれるよう、様々な施策・事業を推進していく所存である。

3　また、平和的生存権については、我が国の最高法規である日本国憲法の前文において「われらは、全世界の国民が、ひとしく恐怖と欠乏から免かれ、平和のうちに生存する権利を有することを確認する」とされているところであり、改めて条例により確認する必要はないと考える。

　さらに、無防備地域宣言については、紛争当事国による攻撃の禁止などの特別な保護を受けるため、本市の区域を、敵対する紛争当事国による占領に対して開放する地域として宣言するものであるが、国の見解によると、当該宣言は、当該地域の防衛に責任を有する当局、すなわち我が国においては国において行われるべきものであり、地方公共団体が当該宣言を行うことはできないとされている。したがって、地方公共団体である本市が当該宣言を行うことを条例化することは、地方公共団体はその権限に属する事務に関し条例を制定することができるとする地方自治法第14条第１項の規定に抵触するものであると考える。

4　以上のとおり、本件条例案による条例制定については、その必要性は認められず、また、地方自治法第14条第１項の規定に抵触するもので、適当でないと考える。

　なお、世界の恒久平和は人類共通の願いであり、市民の平和と安全を確保することは国及び地方公共団体の最も重要な責務であって、今回の請求に際しての国際平和を願う市民の熱意は十分に理解するところである。本市としては、前記のとおり、今後とも、「平和都市宣言」に基づき、平和に関する様々な施策・事業を推進し、国際社会の平和と発展に貢献する国際平和人権都市大阪づくりを進めていく所存である。

参考文献

無防備地域宣言について独自に論じている文献

松下圭一・藤田久一・林茂夫「シンポジウム『無防備地域』のすすめ」林茂夫編『無防備地域運動』3号、1984年

林　茂夫『戦争不参加宣言』日本評論社、1989年

岩本誠吾「『無防備地域』の宣言主体」『新防衛論集』17巻4号、1990年

林　茂夫『Q＆Qの時代を生きる』日本評論社、1995年

藤中寛之「自治体による『無防備地域』宣言の意義と課題」沖縄大学『地域研究所所報』30号、2003年

澤野義一「有事法制と無防備地域条例制定の意義」憲法理論研究会編『現代社会と自治』敬文堂、2004年

澤野義一「広がる無防備地域宣言運動」『法と民主主義』390号、2004年

澤野義一「コスタリカの非武装永世中立と日本の無防備地域宣言運動」『法と民主主義』394号、2004年

前田朗ほか「特集・地域から平和をつくる無防備地区宣言」『法と民主主義』394号、2004年

澤野義一「条例による無防備地域宣言について―ジュネーブ条約追加議定書の批准と自治体からの平和創造の課題」元山健・澤野義一・村下博編『平和・生命・宗教と立憲主義』晃洋書房、2005年

前田　朗「自治体における無防備地域宣言」『季刊・戦争責任研究』49号、2005年

前田　朗『侵略と抵抗』青木書店、2005年

無防備地域宣言運動全国ネットワーク編『戦争をなくす！あなたの町から無防備地域宣言を［増補版］』耕文社、2005年

池上洋通・澤野義一・前田朗編『無防備地域宣言で憲法9条のまちをつくる』自治体研究社、2006年

憲法、地方自治（法）、有事法制・国民保護法、監視社会などとの関係で無防備地域宣言の意義について言及している文献

平和のための大阪の戦争展実行委員会編『世界の非核法・非核宣言集』日本機関紙出版センター、1990年

山内敏弘・白藤博行「対談・新ガイドラインと地方分権」白藤博行・自治体問題研究所編『改正地方自治法を超えて』自治体研究社、2000年

古川　純「戦争『違法化』へとすすむ世界の憲法と非核自治体運動」星野安三郎ほか『世界の中の憲法第九条』高文研、2000年

小林　武『地方自治の憲法学』晃洋書房、2001年
松下圭一『都市型社会と防衛論争』公人の友社、2002年
五十嵐敬喜＝立法ゼミ『都市は戦争できない』公人の友社、2003年
石田敏高・鍵屋一「有事法制と自治体の危機管理」木佐茂男ほか編著『分権の光　集権の影』日本評論社、2003年
水島朝穂「『有事法制』と『国民保護法制』」水島朝穂編『世界の「有事法制」を診る』法律文化社、2003年
山内敏弘「平和的生存権と国際人道法」『人権・主権・平和』日本評論社、2003年
山内敏弘「座談会・イラク戦争・改憲論の中で憲法九条を生かす道をさぐる」『法律時報』76巻7号、2004年
斎藤貴男「『自警団』か『無防備都市』か」『法学セミナー』599号、2004年
井上ひさし「私はこう思う」『憲法を変えて戦争へ行こう』岩波書店、2005年
田中　隆『有事法制がまちにやってくる』自治体研究社、2005年
猪股美恵「自治体から『国民保護法』を問う」『季刊ピープルズ・プラン』30号、2005年
梅林宏道監修『核軍縮・平和2005』高文社、2005年
吉田敏浩『ルポ戦争協力拒否』岩波書店、2005年
澤野義一「憲法94条」小林孝輔・芹沢斉編『基本法コンメンタール憲法［第5版］』日本評論社、2006年

国際人道法、ジュネーブ条約追加議定書などの解説の中で無防備地域宣言にも言及している文献

足立純夫『現代戦争法規論』啓正社、1979年
宮崎繁樹「『非武装都市』宣言のすすめ」『軍事民論』22号、1981年
M・トレッリ（斎藤恵彦訳）『国際人道法』白水社、1988年
城戸正彦『戦争と国際法』嵯峨野書院、1993年
竹本正幸『国際人道法の再確認と発展』東信堂、1996年
藤田久一『新版　国際人道法［増補］』有信堂、2000年
小池政行『国際人道法　戦争にもルールがある』朝日新聞社、2002年
井上忠男『戦争のルール』宝島社、2004年
大河内昭博「ジュネーブ諸条約第一追加議定書・第二追加議定書」『ジュリスト』1275号、2004年

武力紛争の際の文化財保護について論じている文献

可児英里子「『武力紛争の際の文化財の保護のための条約（1954年ハーグ条約）』の考察」『外務省調査月報』3号、2002年
西浦忠輝編『人類の歴史を護れ』クバプロ、2005年

国際人道法関連条約、有事法制関連法規を掲載している文献
　藤田久一・浅田正彦編『軍縮条約・資料集［第2版］』有信堂、1997年
　国民保護法制研究会編『国民保護六法　平成17年版』ぎょうせい、2005年
　その他、2005年度版以降の国際条約集

各地の平和都市条例・無防備地域条例案を掲載している文献
　林茂夫編『無防備地域運動』5号、1989年
　林　茂夫『Q＆Qの時代を生きる』日本評論社、1995年
　「特集・地域から平和をつくる無防備地区宣言」『法と民主主義』394号、2004年
　池上洋通・澤野義一・前田朗編『無防備地域宣言で憲法9条のまちをつくる』自治体研究社、2006年
　無防備地域宣言全国ネットワークのホームページ（http://peace.cside.to/）

澤野義一（さわの・よしかず）

1951年、石川県七尾市生まれ
現在、大阪経済法科大学法学部教授
専攻、憲法学（法学博士）

主要著書
『非武装中立と平和保障』（青木書店、1997年）
『永世中立と非武装平和憲法』（大阪経済法科大学出版部、2002年）
『日米新ガイドラインと周辺事態法』（共著、法律文化社、1999年）
『地球時代の憲法［第2版］』（共著、法律文化社、2002年）
『有事法制を検証する』（共著、法律文化社、2003年）
『新現代憲法入門』（共著、法律文化社、2004年）
『21世紀の平和学［第2版］』（共著、明石書店、2005年）
『総批判改憲論』（編著、法律文化社、2005年）

入門 平和をめざす無防備地域宣言
条例による国際人道法の非戦平和的活用

2006年8月15日　第1版第1刷

著　者	澤野 義一
発行人	成澤 壽信
発行所	株式会社 現代人文社
	〒160-0016 東京都新宿区信濃町20 佐藤ビル201
	振替：00130-3-52366
	電話：03-5379-0307　FAX：03-5379-5388
	E-mail：henshu@genjin.jp（編集部）／hanbai@genjin.jp（販売部）
	Web：http://www.genjin.jp
発売所	株式会社 大学図書
印刷所	株式会社 シナノ
装　丁	加藤英一郎

検印省略　Printed in Japan
ISBN4-87798-300-7 C0036
©2006 Yoshikazu SAWANO

本書の一部あるいは全部を無断で複写・転載・転訳載などをすること、または磁気媒体等に入力することは、法律で認められた場合を除き、著作者および出版者の権利の侵害となりますので、これらの行為をする場合には、あらかじめ小社または著作者に承諾を求めてください。